테마로 읽는

현대시 명작선

테마로 읽는 현대시 명작선

발행일 1판 1쇄 2010년 3월 04일, 1판 3쇄 2015년 3월 13일 발행인 정상철
편저자 이형권 발행처 충남대학교출판문화원 주소 대전광역시 유성구 대학로 99
전화 042-821-6045 홈페이지 cnupress.cnu.ac.kr E-mail cnupress@cnu.ac.kr

ISBN 978-89-7599-343 93810
정가 15,000원

테마로 읽는 현대시 명작선

이형권 편저

충남대학교출판문화원

서문을 대신하여

여기, 아름다운 집이 있다. 시의 집! 이 집에는 20세기 한국의 가장 위대한 시인들이 모여 산다. 세상 누구보다도 아름답고 순수하고 정갈하고 의연하고 치열하고 깊고 넓고 높은 영혼의 소유자들. 당신이 이 집을 들여다보는 순간 세상에서 가장 위대한 영혼의 속살을 사유하고 감각하게 될 것이다. 이 집은 수많은 영혼의 조각들이 자음과 모음, 음절과 음절, 단어와 단어, 문장과 문장이 되어 모였다 흩어지고 흩어졌다 모이면서 거대한 파문을 일으키는 깊고 넓은 공간이다.

이 선집은 국어국문학과 전공과목인 「현대시강독」을 강의하면서 활용했던 작품들을 한 자리에 묶은 것이다. 책의 구성은 대학에서의 실제 강의가 이루어지는 기간에 맞추어 14개의 주제로 나누어 편성함으로써 한 주에 하나씩의 주제를 다룰 수 있도록 했다. 작품들을 시기별로 구분하는 것도 고려해 보았으나, 효과적인 작품 감상을 위해서는 주제별 모음이 알맞을 것이라고 생각했다. 그리하여 현대시 100년을 대표할 만하고 대학생들이 자세히 읽어두면 좋겠다고 판단되는 작품들을 각 주제별로 10여 편 내외를 엄선해서 모아 놓았다. 물론 주제의 구분이나 작품의 선정은 편자의 주관에 의한 것이어서 허술한 부분이 적지 않다. 특히 요즈음의 젊은 시인들의 작품을 많이 수용하지 못한 것이 못내 아쉽다. 기회가 된다면 다시 정리하면서 더 많은 작품을 수용하고 싶다.

여기 모인 시편들을 다시 정독하면서 나는 이 땅의 시인들에게 다시 한 번 깊은 감사와 존경의 마음을 보낸다. 상업 자본과의 불화를 견디어내면서 고도의 정신세계를 일구어낸 시인들은 이 시대의 마지막 남은 위대한 현자賢者가 아닐 수 없다. 새 학기 개강에 쫓기면서 두서없이 엮어놓고 『현대시 명작선』이란 이름을 붙이고 나니 제법 웅장하고 근사한 시의 집이 되었다. 학생들과 함께 한동안 이 아늑한 집에 깃들어 살 것을 생각하니 벌써 마음이 설렌다.

이 선집에 실린 시편들의 표기는 기본적으로 현재의 한글맞춤법을 따랐다. 다만, 시가 지닌 어감을 살려야 하거나 창작 당시의 시대상을 반영하는 표기는 그대로 살려두었음을 밝혀둔다.

2010년 2월 22일

궁동서실에서, 이형권

|차례|

현대시의 역사적 맥락과 논점들

이형권(문학평론가)

▣ 프롤로그

한국현대시사 100년의 의의는 각별하다. 한국의 현대 시인들은 다른 어느 나라의 시인들에 비해서도 짧은 기간 동안에 세계적 표준을 능가하는 질적, 양적 성과를 이루어냈다. 이 위대한 시인들은 시대와 인생이 부과하는 무거운 짐을 지고 가시밭길과도 같은 역사의 현장을 시와 더불어 면면히 걸어왔다. 그들에게 시는 민족사적인 곡절마다의 흥분과 열광을 담아내는 장치였는가 하면, 어두운 시대의 억압과 불의에 맞서기 위한 투쟁의 무기였으며, 실존적 차원의 번민과 고뇌를 담아내는 그릇이기도 했다. 따라서 한국의 현대시는 민족의 역사와 삶이 생동하는, 그 애환과 기쁨을 고스란히 담아낸 거대한 상징이다.

현대시 100년은 개화기 이후 현대사 100년의 파란만장했던 역사의 맥락과 밀착되어 있다. 한국의 시인들은 광복 전의 일제치하에서는 근대화라는 문명사적 명제와 일제에 대한 저항이라는 민족사적 명제 사이에서 방황했고, 광복 후의 분단체제 하에서는 민주화와 산업화의 사이에서 양자택일하기를 강요하는 이 땅의 정치 현실에 의해 크나큰 시련을 겪었다. 불행하게도 현대시 100년의 배후에는 식민지 체험과 독재 체험이 피할 수 없는 숙명으로 자리 잡고 있는 것이다. 일제의 강압적 통치뿐 아니라 해방 후 10년 단위로 전개되었던 민족사적 굴절은 현대시에 지대한 영향을 끼쳤다. 6.25전쟁, 4.19혁명과 5.16군사 쿠데타, 유신헌법의 공표, 5.18의거 등의 중요한 역사적 사건들이 공교롭게도 10년 단위를 시작하는 시점에 일어났다. 20세기에 전개된 현대시 100년은 이러한 모순과 고난의 역사적 맥락을 딛고 일어선 의지와 열정의 흔적이었다.

그러나 현대시 100년은 그 커다란 성과에도 불구하고 아직 해결해야 할 문제점들이 적지 않다. 시의 위기에 관한 담론들이 여전히 설득력을 발휘하고 있으며, 이를 뒷받침이라도 하듯 첨단 과학에 의지하는 문화종들이 시를 압도하는 듯한 문화 현실이 목도되곤 한다. 시단 내부를 들여다보면, 많은 시인들의 경우에 치열한 시 정신, 분단 현실이나 민족 통일에 대한 역사적 인식, 급변하는 세상에 대한 유연한 대응력, 우리 시의 세계화를 위한 노력 등이 결핍되어 있다. 젊은 세대들의 시에 대한 무관심도 우리 시의 미래를 낙관할 수 없게 하는 매우 심각한 문제다. 또한 남한 시단과 북한 시단의 이질감은 물론 남한의 시단 내에서도 진보 세력과 보수 세력 간의 갈등도 시급히 해결해야 할 과제다.

이 글은 이러한 관점에서 한국 현대시 100년의 역사와 주요 논점들을 성찰적, 반성적으로 정리할 것이다. 이와 함께 한국 현대시의 역사가 갖는 제반 문제점들을 지양하면서 더욱 원숙한 시를 건설하기 위해서는 무엇을 어떻게 지향해 나갈지를 모색해 보려 한다. 편의상 20년 단위로 구분하여 살필 것이며, 세부적인 사항들에 대한 구체적인 논의보다는 중요한 사건들을 중심으로 한 개괄적 정리에 치중할 것이다. 또한 시기별로 간과해서는 안 될 주요 논점들을 제시함으로써, 독자들이 한국현대시사의 흐름을 일목요연하게 이해하고, 나아가 현대시와 관련되는 연구의 테마나 방향을 설정하는 데 도움을 주고자 한다.

1. 현대시의 과도기적 특성과 자유시의 성립(1900-1910년대)

한국에서 현대시의 징후가 뚜렷하게 나타난 것은 19세기말부터 20세기 초까지의 일이었다. 당시는 조선 왕조의 말기적 현상이 급격히 나타나면서 사회 각 분야에서 반봉건, 반외세의 분위기가 고조되었던 시기였다. 동학혁명으로 표면화된 민중의식의 각성과 갑오경장으로 구체화된 개화 계몽의 시대적 분위기는 우리시의 현대적 징후를 구체화하는 데 결정적인 역할을 했다. 시에는 두 가지의 커다란 변화가 일어났다. 하나는 형식상의 변화로서 고전 가사의 형태를 벗어나 새로운 양식을 추구하고자 했으며, 다른 하나는 내용상의 변화로서 개화 계몽이라는 시대적 과제를 적극적으로 담아내고자 했다. 개화가사, 창가, 신체시 등의 새로운 시 형식이 나타났으며, 그 내용도 개화 계몽, 애국 독립, 외세 배격, 신문물의 수용 등과 관련된 것들로 일신되었다. 시가 발표되는 주요 무대는 신문과 잡지였는데, ≪독립신문≫, ≪대한매일신보≫, ≪경향신문≫, ≪소년≫, ≪청춘≫ 등이 중요한 역할을 담당했다.

개화가사, 창가, 신체시 등의 개화기 시가는 고전 시가와 현대시를 연결하는 과도기적 형태였다. 개화가사는 조선시대의 가사 문학의 율격을 계승하여 3-4, 혹은 4-4조의 4음보격을 갖추었는데, 다만 조선시대 가사의 줄글, 혹은 연속체적 성격에서 탈피하여 작품이 행이나 연을 구분하는 등의 변화를 보여주었다. 또한 조선 후기 가사의 음풍농월적, 서사적, 장편적 경향에서도 벗어나 다소 구호적, 관념적, 단편적 성격을 강화하고자 했다. 그 내용도 개화, 독립, 애국, 계몽 등의 시대적 과제에 충실했다. 이에 비해 창가는 신흥 종교인 기독교의 찬송가나 신흥 교육기관인 학교의 교가와 긴밀하게 연관되면서 발흥되었다. 창가는 그 명칭에서도 암시되듯이 개화가사에 비해 노랫말의 성격이 강하여 비교적 짧고 간명한 형식을 보여주었고 내용은 개화 가사와 별반 다르지 않았다. 다만, 음수율은 개화가사보다 자유로운 형식을 갖추어 3-4, 4-4조뿐만 아니라 6-5, 7-5, 8-5조까지 다양하게 활용되었다.

최초의 신체시로서 최남선의 「해에게서 소년에게」가 발표된 것은 1908년(≪소년≫ 창간호)이었다. 신체시는 개화기 시가의 절정으로서 이후 전개될 자유시 형식에 가장 근접한 양식이었다. 신체시는 창가에 비해 좀 더 자유로운 형식과 내용을 갖추었다. 이전의 개화기 시가들에 비해 음수율이나 음보율이 자유로웠으며, 그 내용도 개화와 계몽을 노래하되 기존의 개화기 시가가 지닌 지나친 관념 성향을 탈피하여 좀더 구체적인 자연 현상이나 사회 현실과 결부시키고자 했다.

한편, 개화기에는 민중들 사이에 적층적積層的으로 전해 내려오던 전통 민요가 새로운 모습으로 변모하면서 시대적 관념을 담아냈다. 신민요라고 불리는 이 새로운 시가는 「파랑새 노래」나 「아리랑 타령」 등에서 보이듯이 전통적 형식에 항일 정신과 반봉건 사상이라는 시대적 관념을 담아냈다는 점에서 개화기 시가의 과도기적 특성과 비슷한 점이 있다.

이러한 과정을 거쳐 우리나라 최초의 자유시로서 주요한의 「불놀이」가 등장한 것은 1919년(≪창조≫ 창간호)이었다. 이 작품이 과연 최초의 자유시냐 하는 점에 대해서는 논란의 여지가 있지만, 분명한 것은 이 작품이 신체시 이후 10여년 만에 우리 시의 혁신적인 모습을 보여주었다는 사실이다. 이 작품은 자유시보다는 산문시에 가깝다는 인상을 주지만, 산문시 역시 넓은 의미의 자유시이기 때문에 이 작품을 자유시로 보는 데에 별다른 문제가 없는 것으로 판단된다. 다만, 이 작품의 성립 과정에 관해서는 다양한 이론異論이 있으며, 이들은 우리 시의 현대성 획득 문제와 관련하여 아주 중요한 것임을 간과해서는 안 된다. 즉 ≪태서문예신보≫ 등에 게재되었던 프랑스 상징주의 시와 시론의 영향을 받은 것인지, 전통 장르인 사설시조의 율격에서 영향을 받은 것인지, 이들 두 가지의 영향을 모두 받은 것인지, 아니면 제3의 어떤 경로를 거쳐 성립된 것인지에 대해서는 아직도 논의의 여지가 있다고 하겠다.

◇ 논점들

1) 개화가사, 창가, 신체시의 형식
2) 개화기 시가의 시대 의식(반봉건, 반외세)
3) 최제우의 ≪용담유사≫와 개화가사
4) 동학농민전쟁과 신민요의 상관성
5) 개화기 시가와 신문, 잡지
6) 최남선과 이광수의 신체시
7) 「해에게서 소년에게」의 내용과 주제
8) ≪태서문예신보≫의 문학사적 의미
9) 주요한의 「불놀이」와 자유시의 성립 과정

2. 자유시의 전개와 다양한 유파의 형성(1920-1940년대 전반기)

1910년대 후반에 이루어진 자유시의 성립은 우리 시가 비로소 본격적인 현대성을 획득하는 단초가 되었다. 그러나, 자유시 혹은 현대시가 남상濫觴의 단계를 벗어나 시단 전반의 수준에서 본격적으로 전개되기 시작한 것은 1920년대 들어서면서부터였다. 1920년대 초반부터 본격적으로 도입되기 시작한 서구 문예사조는 우리나라 자유시의 전개와 발전에 결정적인 영향을 끼쳤다. 당시 우리나라의 문예사조는 단시일 내에 급격하게 유입, 전개되었다는 점에서 그 원천으로서의 서구 문예사조와는 다른 양상을 보여준다고 할 수 있다. 즉 낭만주의, 사실주의, 상징주의, 퇴폐주의 등 서구에서는 수백 년 동안 펼쳐졌던 다양한 문예사조가 우리나라에서는 1920년대 초반의 몇 년 동안에 집중적으로 유입, 전개되어 다소간의 개념적 모호함과 혼란스러움이 나타났다.

1920년대 시단에 드러나는 또 하나의 특징은 다수의 동인지(혹은 문예지, 종합잡지)가 등장했다는 점이다. 이를테면 ≪폐허≫, ≪장미촌≫, ≪백조≫, ≪개벽≫, ≪조선문단≫, ≪해외문학≫, ≪문예운동≫, ≪문예공론≫ 등은 명실공이 당대의 시단을 이끌어 가는 중추적 역할을 담당했다. 이는 1910년대 이전까지만 해도 시 발표의 장이 일부 신문이나 소수의 종합 잡지에 치중되어 있었다는 사실과 대비된다. 다만, 동인지라는 것은 그 성격이 저널로서의 공공적 기능보다는 몇몇 동인들의 활동을 지원하는 기능을 담당하는 것이어서, 1920년대 동인지들은 당시 우리나라 시단을 사적인 공간으로 만드는 결과를 가져오기도 했다. 이러한 특성은 특히 1920년대 초반에 이른바 '병적 낭만주의'의 시에 치중했던 「백조」 동인들에게서 잘 드러난다. 예컨대 박종화의 「사의 예찬」에는 개인적 비탄과 우울의 흔적만이 있을 뿐 민족사의 불행을 극복하고자 하는 건강한 공동체 의식은 거의 나타나지 않는다. 더구나 이러한 패배주의적 세계 인식이 3·1운동의 실패라는 역사적 절망감과 연계되면서 당시 시인들이 지녔던 병약한 역사의식의 단면을 드러낼 뿐이었다는 사실은 매우 안타까운 점이 아닐 수 없다.

1920년대 중반에 들어서면서 시의 공적 기능을 강조하고 나선 일군의 '신경향파' 시인들이 등장했다. 1922년 이적효, 이호, 송영, 김두수 등 사회주의 계열의 문인들이 조직한 '염군사焰群社'와 1923년 안석영, 김형원, 이익상, 김복진 등 계급주의 계열의 문예 운동가들이 조직한 '파스큘라PASKYULA'가 활동하면서 시는 사회의 어두운 현실을 고발하는 기능을 수행하게 되었다. 얼마 후 이들 두 단체가 연대하여 사회주의 혁명을 위한 예술 운동을 지향하는 '조선 프롤레타리아 예술가 동맹KAPF'이 결성되어 시의 이념적, 계급적, 정치적 성향을 강화하는 계기를 맞는다. 1925년 결성되어 1935년 해산될 때까지 약 10년 동안 카프는 문학, 미술, 연극 등 여러 분야에 걸쳐서 활동했던 일제치하 최대의 문학예술단체였다. 카프에 소속된 시인들은 시를 프롤레타리아 혁명의 도구로 삼고자 했지만, 그들의 혁명 욕구는 보편적 의미의 계급적인 측면과 함께 특수한 의미의 민족사적인 측면도 함께 작용했다는 점에 주목을 해야 할 것이다. 다소간 논리의 비약이 허용된다면, 당대의 프롤레타리아는 극소수의 친일 분자들을 제외한 한민족 일반이었다는 점에서, 또한 프로 시인들이 투쟁의 대상으로 삼은 부르주아계급의 중심에 일본 제국주의자들이 있었다는 점에서, 카프시는 일제에 대한 저항 담론으로서의 기능을 충실히 담당했다고 하겠다. 일제가 1931년과 1934년에 두 차례에 걸쳐 카프 맹원들을 검거한 것도 그러한 저항 담론을 무력화하기 위한 시도였다.

카프시는 기본적으로 정치를 위한 문학 운동의 차원에서 전개되었다. 카프 시인들은 시를 어떻게 쓸 것인가의 문제 보다는 시에 무엇을 담아낼 것인가의 문제에 많은 관심을 쏟았다. 시적 표현이나 의장을 발전시키기보다는 정치적 이념이나 사상 등의 내용적 요소에 무게 중심을 두고 창작 활동을 전개했던 것이다. 그리하여 카프 시인들은 이념적 편중과 시대적인 여건 때문에 대체적으로 표현미나 예술성을 고양시키는 데 크게 성공을 거두지 못했다고 평가받는다. 하지만, 카프시의 성공적인 사례가 전혀 없었던 것은 아니었다. 임화는 '단편서사시'라는 새로운 시 형식을 창안하여 시의 예술성과 현장성을 확보하는 데 주목할 만한 성과를 거두었다. 그의 「우산 받은 요꼬하마의 부두」, 「우리 오빠와 화로」, 「네거리의 순이」 등은 시의 이념성과 예술성을 동시에 확보한 카프시의 한 정점이었다. 임화는 카프시가 일반적으로 지닌 관념 편향성을 극복하기 위해 시의 서정성과 리얼리티를 강화하여 당대의 시대적 정황과 자신의 이념적 지향을 예술적으로 형상화하는 데 커다란 성과를 거두었다.

1930년대에는 카프시와 전혀 다른 성격의 순수시와 모더니즘 시가 활발히 창작되기도 했다. 순수시는 1930년 박용철, 김영랑, 신석정 등이 중심이 되어 순수 서정을 발굴하고 언어를 조탁하는 데 힘을 기울였던 유미주의적 시의 경향이다. 1930년에 발간된 ≪시문학≫을 무대로 한 이들의 활동으로 인하여 우리 시의 순수성과 서정성은 한층 고양되었다. 또한 모더니즘 시는 카프시가 쇠퇴하면서 1934년경에 등장하여 표현미나 실험 의식을 중시했던 현실주의적 시의 경향이다. 우리의 모더니즘 시는 이미지즘 계열과 초현실주의 계열로 양분되는데, 전자는 정지용, 김광균, 김기림 등이 주도했고, 후자는 이시우, 신백수 등의 '3・4문학' 동인들과 이상李箱이 주도했다. 이들은 비록 당대의 민족사적 문제에는 무관심했다는 비판을 모면할 길이 없지만, 미학적 측면에서 우리나라 시의 현대성을 확립하는 데 핵심적 역할을 담당했다는 사실은 긍정적으로 평가받아야 할 부분이다.

모더니즘 시 이후, 생명파 시와 자연파 시의 등장도 1930년대 시단의 중요한 성과였다. 생명파는 1936년 서정주, 유치환 등이 동인지 ≪시인부락≫을 발간하면서 형성되었는데, 이들은 시의 중요한 기능이 언어의 조탁이나 이미지의 현현이 아니라 생명의 본질적 국면을 간파하는 데 있음을 보여주려 했다. 서정주 시의 원시적 육욕이나 유치환 시의 본향에 대한 그리움은 그 자체로 인간의 본성인 '생명'의 기본 자질에 해당하는 것이었다. 또한 자연파는 조지훈, 박목월, 박두진 등이 1939년 ≪문장≫을 통해 등단하면서 형성되었다. 이들은 모두 자연을 대상으로 시를 창작했다는 공통점이 있으나, 조지훈은 불교적 자연의 세계를, 박목월은 토속적 자연의 세계를, 박두진은 기독교적 자연의 세계를 중시했다는 점에서 차이점을 드러내기도 한다.

1940년대 전반기, 일제 말기로 접어들면서 이 땅의 많은 시인들은 민족의 역사 앞에 떳떳치 못한 행동을 하게 된다. 많은 시인들이 시대적 고난에 당당하게 대응하거나 인내하지 못하고 친일의 길로 들어섰던 것이다. 친일시의 창작은 내적 논리에 의한 자발적인 것이었든 외부의 강요에 의한 외발적인 것이었든, 결과적으로 민족시의 정체성을 뿌리째 뒤흔든 사건으로 기록될 수밖에 없다. 문제의 심각성은 친일 시인들이 그러한 행동에 대해 광복 후에도 자기합리화와 변명으로 일관하면서 진정한 반성과 성찰의 자세를 보여주지 않았다는 점이다. 아무튼 최남선, 이광수, 김동환, 서정주, 노천명 등 우리 시를 대표했던 시인들이 친일의 길로 들어섰던 것은 우리 시사에 매우 부끄러운 한 대목이 아닐 수 없다.

그러나, 일제 말기의 혹독한 탄압 속에서도 끝까지 민족 시인으로서의 자존심을 지킨 시인들도 있었다. 윤동주와 이육사가 바로 그들이다. 이들은 일제 초기의 이상화나 한용운의 시와 함께 우리 시의 자존심을 지켜낸 최후의 보루였다. 윤동주의 시는 순결한 영혼의 노래로서 민족 언어의 내성적 깊이를 보여주었으며, 이육사는 열렬한 지사의 노래로서 민족 언어의 강인한 역동성을 보여주었다. 이들을 모두 저항시인이라고 부를 수 있을 터인데, 윤동주가 내면적 저항시인이라면 이육사는 행동적 저항시인이라 할 수 있다. 요컨대 이 두 시인으로 하여 일제말기의 우리 시는 최소한의 역사적 양심과 자긍심을 확보할 수 있었다.

◇ 논점들

1) 상징주의 시(론)의 수용 양상

2) ≪백조≫파와 병적 낭만주의

3) 시조부흥운동의 의의
4) ≪시문학≫파와 순수시
5) 카프시의 형성과 발전과정
6) 단편서사시의 개념과 문학사적 의의
7) 모더니즘 시의 시사적 의미와 한계
8) 생명파 시의 특성
9) ≪문장≫지와 청록파의 관련 양상
10) 일제말기 저항시의 두 차원(윤동주와 이육사)
11) 친일시의 양상

3. 민족시의 정체성 추구와 전쟁의 형상화(1945-1950년대)

광복 직후 한국시사에 부과된 가장 시급한 과제는 친일시의 청산과 민족시의 건설문제였다. 이 과제의 절실함은 일제 말기의 혹독했던 식민지 경험과 비례한다. 주지하듯 일제말기에 자행된 민족어 말살 정책은 민족시의 공백기이자 암흑기라고 할 수 있을 정도로 우리 시를 극한 상황으로 몰아세웠다. 지조 있는 시인은 감옥으로 가거나 골방으로 가서 절필을 해야 했고, 그렇지 않을 경우에는 일본어를 국어 삼아 친일시를 지어야만 했다. 적어도 우리 시의 역사를 복원하기 위해 친일시를 청산하고 민족시를 건설하는 일이 시급했던 것이다. 이를 위해 좌우익이 앞 다투어 나름대로의 많은 노력을 기울였는데, 좌익에서는 '문학건설 본부', '조선 프롤레타리아문학 동맹', '조선 문학가 동맹' 등을, 우익에서는 '중앙문화협회' '조선 문필가협회', '조선청년문학가협회' 등을 결성하면서 정치적 성향의 문학 운동을 전개했다.

그러나, 광복직후 우리 문단에서 전개된 민족시의 재건 운동은 그 요란한 구호에 비해 실속이 없었다. 비유적 표현을 빌리면, 광복의 공간에서 시는 차라리 깃발이었다. 시인들은 정치적, 이념적 깃발을 앞세우다 보니 시정신과 표현미를 고양할 만한 현실적, 정신적 여유를 갖지 못했다. 광복 공간에서 시는 일종의 구호이자 행동의 강령처럼 여겨지기도 했던 것이다. 정치인들뿐 아니라 문인들도 좌익과 우익으로 분열되어 저마다의 단체를 결성하여 정치적 목적을 달성하려고 했다. 친일 매국의 시편들이 국민시라는 이름으로 발표되고, 우리말과 우리글조차 사용할 수 없었던, 일제 말기의 어두운 역사의 고통을 망각할 겨를도 없이, 민족사의 극심한 혼란과 갈등이라는 또 다른 시련이 우리 시의 앞길을 가로막았던 것이다.

그러나, 이러한 광복 직후의 시단에서도 기억할 만한 성과가 없었던 것은 아니다. 좌익과 우익의 시인들이 협력하여 공동시집 ≪해방기념시집≫(중앙문화협회, 1945), ≪3·1기념시집≫(건설출판사, 1946), ≪조선시집≫(어문각, 1946) 등의 사화집을 발간함으로써 광복의 기쁨과 민족의 정체성 회복을 함께 염원하기도 했다. 여기에 실린 시편들은 표제가 암시하듯이 국가라든가, 민족이라는 명제에 충실하다는 특징을 보여준다. 필진은 일제 치하에서 문필 활동을 시작해 광복 당시 우리 시단에서 나름대로의 중요한 위치를 점유하고 있던 서정주, 신석정, 이용악, 권환, 임화, 김광균, 김기림, 오장환 등이 중심을 이루었다. 이른바 좌-우익은 물론 반-친일 시인들을 망라하고 있는데, 이 점은 해방기 문단의 가장 절실한 문제가 무엇이었던가를 말해 준다. 즉 이념을 넘어서 국가와 민족이라는 시적 화두에 몰입했던 것이다. 한편, 조지훈과 박목월, 박두진은 정치적 현실과는 일정한 거리를 유지하면서 공동시집 ≪청록집≫(을유문화사, 1946)을 간행하여 우리 시의 자연성과 순수성을 고양시켰다. 이 시집의 간행은 세 시인에게 '청록파'라는 별칭을 부여받게 하고, 창작 활동을 활발히 전개하게 하는 특별한 계기로 작용했다.

1950년대로 접어들면서 우리 시단에서 가장 주목할 만한 시의 유형은 전쟁시와 모더니즘 시였다. 광복의 기쁨을 만끽해 보기도 전에, 민족시의 건설이라는 새로운 과제에 대처할 올바른 방법론을 정립하기도 전에, 우리 민족에겐 또 다른 시련이 시작되고야 말았던 것이다. 주지하듯 1950년대 벽두에 우리 민족이 경험했던 동족상잔의 6·25전쟁은 전 세계 전쟁사에서도 보기 드문 혹독한 비극이었다. 형과 아우가 서로에게 총부리를 겨누면서까지 추구했던 '이념'은 상호간의 갈등과 증오의 골만 깊이 파 놓았을 뿐 민족사의 발전을 위해 아무런 기여도 하지 못했다. 그러나, 전쟁이라는 극한 상황 속에서도 이 땅의 시인들은 나름대로의 시적 응전을 시도했다. 하나는 전쟁터의 포연과 전후의 비극을 형상화하는 것이었으며, 다른 하나는 현대 문명의 불연속성과 연관되는 모더니즘적 세계관으로써 전후의 허무감을 형상화하는 것이었다.

전쟁을 시로써 형상화하는 일은 주로 종군작가단에 의해 이루어지는데, 구상, 박인환, 유치진, 양명문, 김윤성, 이한직 등은 각군에 배속되어 종군활동을 했다. 이들의 활동 공간은 ≪전선문학≫, ≪창공≫, ≪해군≫ 등 각 군의 기관지였는데, 여기에 발표했던 시들은 대부분 전쟁의 아픔과 동족상잔의 비극을 고발하고 용서와 화해를 추구하는 것이 대부분이었다. 한편, 모더니즘 시는 현대 문명의 부조리와 현대성을 비판적으로 조망하는 작업을 시도했다. 김경린, 김규동, 이봉래, 조향, 박인환 등 ≪후반기≫ 동인들은 1930년대 모더니즘 정신을 계승한다는 입장에서 도시문명과 그 비극성을 형상화하여 주목을 받았다. 이들의 시에서는 1930년대 모더니즘 시에 비해 주지적, 실험적 성격이 약화되었고, 현대 문명에 대한 비극적 인식을 기반으로 한 감각적이고 허무주의적 성격이 강조되었다. 이 시기에는 또한 김수영, 김종길, 김춘수, 설창수, 정한모, 조병화 등이 새로이 등단하여 시단을 풍요롭게 했다.

◇ 논점들

1) 광복직후의 문단 상황
2) 광복직후의 민족문학에 관한 논의
3) ≪해방기념시집≫과 ≪3 · 1기념시집≫의 의의
4) 월북 시인들
5) ≪응향≫ 사건과 월남 시인들
6) 시집 ≪청록집≫의 시사적 의의
7) 전장을 노래한 시들
8) 6.25 전쟁시의 전개 양상과 특징
9) "후반기" 동인과 모더니즘
10) 김수영 시와 박인환 시의 비교
11) 김춘수의 초기시와 은유

4. 참여시·순수시의 대립과 시학의 성숙(1960–1970년대)

1960년대 시는 4·19와 5·16으로 요약되는 역사적 상황을 직 · 간접적으로 반영한다. 4·19는 이 땅의 현대사에서 일어났던 최초의 민주 혁명이었기에 그 감동과 감격을 시로써 읊으려는 시도가 많았다. 또한 5·16은 4·19의 민주정신을 무력화시킨 군사독재의 원점이었기에 양식 있는 시인들은 그에 대한 적극적인 저항 의지를 형상화하고자 했다. 박두진, 김수영, 신동엽 등은 4·19혁명의 고결함과 희생정신, 그리고 평화에 대한 기원 등을 형상화하는 데 힘을 쏟았다. 조태일, 고은, 이성부, 조병화 등도 시를 통해 사회의 모순과 부조리에 대해 그 부당성을 지적하면서 비판의 목소리를 높였다. 요컨대 1960년대 벽두의 역사적 사건인 4·19와 5·16은 우리 현대시사에 현실 참여시를 탄생시키는 직접적인 계기로 작용했다.

1960년대에는 현실 참여시에 대비되는 또 하나의 시적 경향으로 전통 서정시가 활발히 창작되었다. 박재삼, 김종삼, 박용래, 황동규, 마종기 등 1950년대 후반부터 활동했던 시인들이 이 시기에 와서

왕성한 창작 활동을 보여주게 된다. 또한, 1960년대에 결성된 ≪현대시≫동인들은 시의 수사적 차원에 관심을 갖고 그 예술성 확보에 심혈을 기울인다. 오세영, 이승훈, 박의상, 허만하, 이수익, 마종하 등 '현대시' 동인들은, 정치적 현실과 어느 정도 거리를 두면서 시의 예술성과 자율성을 지켜 나가려 했다. 이 시기에 정현종, 오규원, 홍신선 등도 우리 시를 서정적 차원과 기법의 차원에서 한층 심화시켰으며, 김후란, 김초혜, 유안진, 이향아, 허영자 등 여성시인들도 특유의 섬세한 감수성으로 시단을 더욱 풍성하게 했다.

이후, 1970년대 시인들은 1960년대의 참여시와 순수시가 견지했던 이념적, 지성적 특성을 한층 강화하면서 리얼리즘 시와 모더니즘 시에 몰두했다. 리얼리즘 시의 경우 ≪창작과 비평≫을 중심 무대로 하여 당대의 정치적 현실에 대한 적극적 응전의 방식을 취했다. 시인들은 삼선 개헌과 유신 체제로 대표되는 닫힌 사회의 구조 속에서 비민주적 요소에 대한 시적 저항 운동을 활발히 전개했다. 이 시기에는 '경제개발 5개년계획'과 '새마을 운동'으로 대표되는 국가주도의 급속한 근대화 프로그램으로 인해 인간 소외의 문제뿐만 아니라 사회 부조리의 문제가 본격적으로 대두되기 시작했다. 1950,60년대에 등장한 시인들로서 고은, 신경림, 김지하 등은 등단 무렵 자신들이 추구했던 순수 서정시가 사회의 부정한 현실에 응전하기 위해서는 한계가 있다는 사실을 절감하고 1970년대 이후 적극적인 저항시의 세계로 나아간다. 이들은 옥고를 치루는 등의 갖은 수난을 겪으면서도 자신들의 문학적 신념을 굳건하게 지켜냈다. 정희성, 양성우, 김준태, 허형만, 이동순, 고정희, 이시영, 김명인 등도 이 시기에 새롭게 등장하여 시와 현실의 상관성 문제를 수준 높게 탐구했다.

모더니즘 시의 경우 ≪문학과 지성≫을 중심 무대로 하여 지성적 태도와 언어 실험을 중시하는 특성을 보여주었다. 김춘수, 오규원, 정현종, 이승훈, 감태준, 정호승, 김광규, 이하석, 김승희, 최승호, 이성복 등은 도시적 삶의 삭막함과 존재론적 삶의 신산스러움을 형상화하고자 했다. 특히 김춘수는 '무의미 시론'을 발표하면서 그에 따른 창작물도 제시함으로써 우리 시의 색다른 국면을 개척했다. 무의미시는 시에서 관념을 제거하여 즉자적 언어의 기능을 확대함으로써 판단 중지의 사물시를 지향하는 것으로서 매우 실험적인 양식이었다. 무의미시는 훗날 이승훈의 '비대상시'나 오규원의 '날生이미지시' 등의 새로운 버전으로 재생산되기도 했다.

리얼리즘 시나 모더니즘 시와는 달리 현실 저항이나 언어 실험과는 일정한 거리를 두고 전통적인 서정과 생명 의식을 탐구하려는 시인들도 적지 않았다. 나태주, 송수권, 이성선, 강은교, 김은자, 조정권 등은 그동안 꾸준하게 이어져 온 한국적 서정의 세계를 발전적으로 계승하면서 독특한 시세계를 보여 주었다. 윤석산, 신달자, 조정권 등도 이 시기에 등장하여 시단의 다양화에 기여했다.

◇ 논점들

1) 순수시와 참여시의 논쟁적 성격
2) 4·19 정신의 시적 형상화 양상
3) ≪창작과 비평≫과 ≪문학과 지성≫의 역할
4) 리얼리즘 시와 모더니즘 시
5) ≪현대시≫ 동인들의 활동
6) 고은의 시적 변신
7) 김지하의 저항시와 저항 정신
8) 김춘수의 무의미시
9) 1970년대의 순수 서정시
10) 분단과 통일의 시

5. 민중시·해체시의 등장과 급변하는 시대의 반영(1980-1990년대)

1980년대 초는 이른바 무크지(Mook Magazine 부정기 간행물) 시대라고 한다. 1980년대는 또한 시의 시대라고도 한다. 당시에 무크지가 성행했던 것은 5공화국이 주도했던 당시의 폭력적 정치 상황과 관련되는 특이한 현상으로, 여론 통제 때문에 잡지 등록이 용이하지 않은 상황에서 시를 발표하기 위한 우회적 방편이었다. 형식상 다른 장르에 비해 기동성이 강한 시 장르가 출판의 기동력을 확보한 무크지와 만나 강퍅한 시대를 견인하는 일련의 시적 메커니즘을 형성했던 것이다. 주목할 무크지로는 ≪시운동≫, ≪열린시≫, ≪실천문학≫, ≪시와 자유≫, ≪오월시≫, ≪시와 경제≫, ≪진단시≫ 등이 있었는데, 여기에 실린 시편들은 대부분 현실에 대한 비판 기능을 중시했다. 시를 당대의 부정한 현실을 타개해 나가는 민주 운동이나 민중 운동의 일환으로 삼았던 것이다. 특히 박노해는 시와 삶, 시와 노동, 시와 정치를 온몸으로 밀고나간 1980년대의 대표적인 민중 시인으로서, 그의 시 이후에 시는 더 이상 시인들만의 고상한 예술이 아닌 노동자, 농민들도 주도적으로 향유할 수 있는 것으로 인식되었다. 또한 김남주, 김정환, 백무산, 곽재구, 이산하, 김형수, 오봉옥, 임동학, 박봉규 등의 민중시들도 주목할 만한 성과다.

한편, 1980년대에 들어서 기존의 시적 관습을 거부하며 파격적인 시적 방법을 실험하는 해체시가 등장한다. 황지우, 박남철, 장정일, 김영승 등은 이전의 시인들이 상상조차 할 수 없었던 과감한 실험을 감행한다. 신문 기사나 광고, 사진, 심지어는 벽보나 욕설 등을 시에 끌어들이고, 장르 혼합이나 패러디, 메타적 상상 등의 새로운 창작 방식을 도입하기도 한다. 이러한 해체시는 우리 시가 도달할 수 있는 새로운 표현 방식의 정점이었다는 호평을 받았지만, 1930

년대 이상을 극복하지 못했을 뿐 아니라 서구의 형태시나 초현실주의 시의 에피고넨이라는 비판을 받기도 했다. 여하튼 분명한 것은 해체시가 1980년대와 1990년대 시사에서 중요한 하나의 흐름을 형성했다는 사실이다.

민중시나 해체시와 함께 도시시, 생태시, 페미니즘시, 중간시, 사이버시, 신서정시 등도 1980년대 시의 풍요로움을 형성하는 데 중요한 역할을 했다. 최승호, 하재봉, 유하, 김기택, 함민복, 함성호 등의 도시시; 고형렬, 이하석 등의 생태시; 김혜순, 김승희, 고정희, 김경미, 정끝별, 허수경, 나희덕, 신현림, 최영미 등의 페미니즘 시; 도종환과 서정윤의 중간시; 이원의 사이버시; 이문재, 송재학, 이윤학, 장석남, 박형준, 이정록의 신서정시 등은 1980년대의 중요한 시적 성과다. 이러한 시적 경향들은 1990년대에도 지속되면서 우리 시가 더욱 성숙되는 계기로 작용했다. 더구나 월북 시인들의 시에 대한 해금이 이루어지고, 북한시에 대한 관심이 고조되면서 우리 시의 외연이 한껏 넓어진 것도 1980년대의 일이다.

1990년대는 20세기라는 파란의 세월을 마무리해야 하는 시기였다. 시인들은 100년 단위의 시간이 흘러간다고 하는 세기말적 상실감 속에서 그에 상응하는 다양한 시적 변화와 모색을 시도했다. 기형도, 남진우, 채호기, 박주택 등의 시에 나타나는 죽음(허무) 의식이나, 유하, 장경린, 박상순 등의 시에 나타나는 전위적 실험 의식은 시대적 산물로서 세기말 의식과 관련된다. 또 하나, 1990년대의 주목할 만한 시적 변화는 1980년대까지 지속되었던 리얼리즘 계열의 참여시, 저항시, 민중시 등이 실천적 행동주의를 벗어나 내면적 서정성을 강화하기 시작했다는 점이다. 이런 변화의 배후에는 물론 문민정부의 출현과 민주화의 성숙이라는 사회정치적 배경이 존재한다. 박노해, 백무산, 김정환, 고재종, 안도현, 이재무, 이대흠 등의 시편들은 1980년대 민중시의 행동주의를 벗어나 차분한 내적 성찰의 자세를 보여준다.

이렇듯 1980,90년대의 시는 사회적 변화에 대한 시적 응전의 다양성을 보여준, 20세기 한국시가 성취한 클라이맥스이자 대단원이었다. 문학의 위기, 시의 위기가 공공연하게 거론되는 가운데서도 풍성한 시적 성과를 거두었는데, 이것은 20세기 한국의 위대한 시인들이 위기를 기회로 바꿀 줄 아는 지혜를 터득했다는 증거다. 다만, 이 풍요로운 시의 성과물들이 최근 들어 일부 전문가들만이 향유하는 전유물로 변해가고 있는 듯하다. 안타까운 일이다. 무릇 독자가 없는 시는 진정한 의미의 생명력을 상실할 수밖에 없을 것이므로 21세기에도 여전히 시가 시대적합성을 지닌 문화적 역량을 발휘하기 위해서는 이제부터라도 독자의 문제에 대해 심각하게 고민해야 할 것이다.

◇ 논점들

1) 무크지와 1980년대의 시
2) '5·18 광주'와 현대시
3) 민중시의 전개 양상과 특징
4) 해체시의 전개 양상과 특징
5) 도시시의 전개 양상과 특징
6) 페미니즘 시의 전개 양상과 특징
7) 베스트셀러 시의 의의와 문제점
8) 해금시인의 시와 북한시
9) 1990년대 시의 죽음 의식
10) 영상예술과 현대시
11) 사이버 공간과 현대시
12) 리얼리즘 시의 서정화, 내면화
13) 시의 위기에 관한 담론들

▣ 에필로그

지금까지 살펴본 대로, 20세기의 한국시는 혹독하고 열악한 역사적 현실과 콘텍스트를 이루면서도 아주 풍요로운 성과를 성취했다. 시의 존재 원리가 역설적 세계 인식에 있음을 웅변으로 보여준 한국의 현대시 100년은 진정 위대한 민족정신의 발현임에 틀림없다. 문제는 역사 이후다. 무릇 역사는 과거와의 대화뿐 아니라 미래와 대화를 할 수 있을 때 진정한 가치가 있을 터이므로, 이 시점에서 우리는 20세기 우리 시의 성과를 토대로 21세기 우리 시의 지향점에 대해 생각해 보지 않을 수 없다. 그러나, 이 문제는 이 자리에서 본격적으로 논의할 수 없으므로 미래 한국시의 지향점을 설정하는 데 반드시 고려해야 할 몇 가지 사항만을 지적해 두기로 한다.

첫째, 우리 시는 인간의 정신적, 정서적 능력을 고양하는 기능을 강화해야 한다. 21세기에 첨단 문명의 발달이 급속하게 진행되면 될수록 인간의 주체적 정신 능력도 그만큼 빠른 속도로 약화될 것이다. 우리는 이런 문제적인 문명 현실에 대한 저항의 기능을 수행하는 데 가장 적합한 예술종의 하나가 바로 시 장르임을 분명히 자각해야 하지 않을까 한다. 시는 물질적인 그 어떤 것으로 대체할 수 없는, 금전적 가치가 초라할수록 오히려 존재 가치가 도드라지는 특이한 존재다. 따라서 물질문명에 찌든 사람들이 시에 대해 각별한 관심을 갖도록 유도함으로써 정신적, 정서적으로 건강한 사회를 건설하는 것은 21세기 우리 시가 떠맡아야 할 소명이다.

둘째, 우리 시는 시대적합성을 지닌 정신적, 정서적 역량을 확보해야 한다. 21세기의 사회는 20세기보다 훨씬 빠른 속도로 변할 것인데, 문화나 예술이라고 해서 예외가 될 수는 없다. 21세기에 맞이해야 할 문화적 격변의 징후는 오늘날의 문화 현상 속에 이미

내재해 있다. 이를테면 영화를 비롯한 영상 예술의 팽창, 사이버 공간의 활성화, 예술 장르간의 경계 해체, 문화의 산업적 가치 제고 등은 21세기에 더욱 절대적인 문화적 지배력을 확보하게 될 것이다. 따라서 21세기에는 어떤 문화 현상이든 구태의연한 방식으로는 살아남기 어려울 것인 바, 우리 시도 21세기라는 새로운 시대의 변화를 선도할 수 있는 자질들을 충분히 확보해야 한다. 시의 주제는 물론이려니와 소재의 다양화와 창작 방법의 일신을 통해 시대에 알맞은 문화종으로 살아남기 위한 변신을 거듭해야 할 것이다.

셋째, 우리 시는 분단 극복과 통일 시대를 열기 위한 민족적 일체감을 고양해야 한다. 많은 시인들이 남북 분단은 민족사적 비극이지만, 역설적으로 우리 시의 소중한 자원이 될 수 있다는 점을 간과하는 듯하다. 우리가 처한, 단일 민족으로서는 거의 유일한 분단 상황은 전 세계의 어떤 나라 시인도 체험할 수 없는 특수 경험이다. 이 독특한 경험을 토대로 한 시적 상상은 아주 특이한 작품의 생산을 가능케 하는 토대가 될 수 있다. 특히 현실적, 역사적 상상력의 빈곤감을 보여주곤 하는 이즈음의 젊은 시인들은 이 점에 대한 충분한 고려가 있어야 할 것으로 생각된다. 이를테면 분단의 원인에 대한 분석, 부모님 세대의 이산 의식, 북한 사람들의 삶에 대한 이해, 분단이 우리의 삶에 미치는 영향, 분단 극복을 위한 정서적 일체감, 남북의 문화적 동질감 회복 등과 관련되는 시의 창작이 활성화되어야 할 것이다.

넷째, 우리 시는 국수주의에서 벗어나 세계 문화와 콘텍스트성을 확보해야 한다. 최근 들어 우리는 국제화니 세계화니 하는 말들을 자주 사용하고 있고, 그만큼 우리 사회의 모든 분야에서 국제적 표준을 만들어 세계무대에 진출하는 데 진력하고 있다. 사회 각 분야를 망라하여 강조하고 있는 세계화의 물결이 우리 시에서도 절실히 요구되는 일임에 틀림없다. 아직도 국제화가 민족의 고유성을 상실케 하는 일이란 그릇된 생각을 가진 사람들이 많은 듯하다. 그러나, 그렇지 않다. 진정한 세계화는 우리 것을 세계에 알리고, 그것의 존재 의의를 더욱 부각시켜, 오히려 우리 것을 올바르게 지켜 나가는 일이다. 가장 민족적인 것이 가장 세계적이라는 괴테의 말을 떠올려 보지 않을 수 없다. 남의 것을 받아들이는 것도 중요하지만 내 것을 남에게 알리는 것이 더 중요하다. 지금의 상황에서 우리 시의 세계화를 위해 가장 시급한 것은 우리 시를 세계 각국의 언어로 번역하여 다른 나라에 알리고 시인들의 국제 교류도 활발히 추진하는 일이다.

시가 살아야 문화가 살고, 문화가 살아야 나라가 산다.

| 테마 1 | 고향 • 생태 • 자연의 시

면면함에 대하여 | 고재종
조금새끼 | 김선태
섬진강 1 | 김용택
서해 낙조 | 김완하
나 한때 | 김지하
해 | 박두진
별 헤는 밤 | 윤동주
초록의 길 | 이하석
죽지 않는 도시 | 이형기
고향 | 정지용
이슬 | 정현종
공장지대 | 최승호

면면綿綿함에 대하여

고재종

너 들어 보았니
저 동구 밖 느티나무의
푸르른 울음소리

날이면 날마다 삭풍 되게는 치고
우듬지 끝에 별 하나 매달지 못하던
지난 겨울
온몸 상처투성이인 저 나무
제 상처마다에서 뽑아내던
푸르른 울음소리

너 들어 보았니
다 청산하고 떠나버리는 마을에
잔치는 아직 끝나지 않았다고
그래도 지킬 것은 지켜야 한다고
소리 죽여 흐느끼던 소리
가지 팽팽히 후리던 소리

오늘은 그 푸르른 울음
모두 이파리 이파리에 내주어

저렇게 생생한 초록의 광휘를
저렇게 생생히 내뿜는데
앞들에서 모를 내다
허리 펴는 사람들
왜 저 나무 한참씩이나 쳐다보겠니
어디선가 북소리는
왜 둥둥둥둥 울려나겠니

— 『초록 생명의 길』, 시와 사람, 1997.

조금새끼

김선태

가난한 선원들이 모여 사는 목포 온금동에는 조금새끼라는 말이 있지요. 조금 물때에 밴 새끼라는 뜻이지요. 그런데 이 말이 어떻게 생겨났냐고요? 아시다시피 조금은 바닷물이 조금밖에 나지 않아 선원들이 출어를 포기하고 쉬는 때랍니다. 모처럼 집에 돌아와 쉬면서 할 일이 무엇이겠는지요? 그래서 조금 물때는 집집마다 애를 갖는 물때이기도 하지요. 그렇게 해서 뱃속에 들어선 녀석들이 열 달 후 밖으로 나오니 다들 조금새끼가 아니고 무엇입니까? 이 한꺼번에 태어난 녀석들은 훗날 아비의 업을 이어 풍랑과 싸우다 다시 한꺼번에 바다에 묻힙니다. 태어나서 죽을 때까지 함께인 셈이지요. 하여, 지금도 이 언덕배기 달동네에는 생일도 함께 쇠고 제사도 함께 지내는 집이 많습니다. 그런데 조금새끼 조금새끼 하고 발음하면 웃음이 나오다가도 금세 눈물이 나는 건 왜일까요? 도대체 이 꾀죄죄하고 소금기 묻은 말이 자꾸만 서럽도록 아름다워지는 건 왜일까요? 아무래도 그건 예나 지금이나 이 한 마디 속에 온금동 사람들의 삶과 운명이 죄다 들어있기 때문이 아니겠는지요.

- 《현대시》 2006년 1월호.

섬진강 1

김용택

가문 섬진강을 따라가며 보라
퍼가도 퍼가도 전라도 실핏줄 같은
개울물들이 끊기지 않고 모여 흐르며
해 저물면 저무는 강변에
쌀밥 같은 토끼풀꽃,
숯불 같은 자운영꽃 머리에 이어주며
지도에도 없는 동네 강변
식물도감에도 없는 풀에
어둠을 끌어다 죽이며
그을린 이마 훤하게
꽃등도 달아준다
흐르다 흐르다 목 메이면
영산강으로 가는 물줄기를 불러
뼈 으스러지게 그리워 얼싸안고
지리산 뭉툭한 허리를 감고 돌아가는
섬진강을 따라가며 보라
섬진강물이 어디 몇 놈이 달려들어
퍼낸다고 마를 강물이더냐고,
지리산이 저문 강물에 얼굴을 씻고
일어서서 껄껄 웃으며

무등산을 보며 그렇지 않느냐고 물어보면
노을 띤 무등산이 그렇다고 훤한 이마 끄덕이는
고갯짓을 바라보며
저무는 섬진강을 따라가며 보라
어디 몇몇 애비 없는 후레자식들이
퍼간다고 마를 강물인가를.

— 『섬진강』, 창작과 비평사, 1985.

서해 낙조

김완하

그대 그리운 날은 서해로 간다
오가는 길과 길 사이로
초록빛 그리움 안고 달리면
내 안으로 나무 하나 깊이 들어선다

계절마다 하늘 바꿔 이는 저 느티나무도
한 생을 이렇듯 푸르게 드리우지 않는가
참매미 쓰르라미 숨찬 울음소리에
산과 강 뜨겁게 열리고
불볕 속에서도 길은 서해로 달린다

십리포, 만리포에 이르러
제 가슴 한쪽을 여는 바다
짙은 쪽빛 껴안고 섬 하나 키운다

파도는 몇 번의 물때를 바꾸며
생의 바튼 숨길 씻어 내린다
파도소리에 귀먹은 모감주나무
수천 번 푸르름 길어 올리고서야
제 가슴에 능소화 몇 송이 붉게,

붉게 꽃잎 틔운다

서해, 하루는 붉게 달아올라
큰 바다 비로소 받아 안는 해의 몸
길에서 바다로, 다시 파도 속으로
너에게로 오롯이 이어져
가슴 속에 등불 하나 살아 오른다

—『허공이 키우는 나무』, 천년의 시작, 2007.

나 한때

김지하

나 한때
잎새였다

지금도
가끔은 잎새

해 스치는 세포마다
말들 태어나
온 우주가 노래 부르고

잎새는 새들 속에
또 물방울 속에
가없는 시간의 무늬 그리며
나 태어난다고
끊임없이 노래 부르고 노래 부른다

지금도
신실하고 웅숭그런
무궁한 나의 삶

내 귓속에
내 핏줄 속에 울리는
우주의 시간

나 한때
잎새였다

지금도
가끔은 잎새

잊었는가
잎새가 나를 먹이고
물방울이 나를 키우고
새들이 나를 기르는 것

잊었는가
나
오늘도
잎새 속에서
뚫어져라 뚫어져라
나를
쳐다보는 것.

— 『중심의 괴로움』, 솔, 1994.

해

박두진

해야 솟아라. 해야 솟아라. 말갛게 씻은 얼굴 고운 해야 솟아라. 산 넘어 산 넘어서 어둠을 살라먹고, 산 넘어서 밤새도록 어둠을 살라먹고, 이글이글 애띤 얼굴 고운 해야 솟아라.

달밤이 싫어, 달밤이 싫어, 눈물 같은 골짜기에 달밤이 싫여, 아무도 없는 뜰에 달밤이 나는 싫어……

해야, 고운 해야, 늬가 오면 늬가사 오면, 나는 나는 청산이 좋아라. 훨훨훨 깃을 치는 청산이 좋아라. 청산이 있으면 홀로라도 좋아라.

사슴을 따라, 사슴을 따라, 양지로 양지로 사슴을 따라 사슴을 만나면 사슴과 놀고,

칡범을 따라 칡범을 따라 칡범을 만나면 칡범과 놀고……

해야, 고운 해야, 해야 솟아라. 꿈이 아니래도 너를 만나면, 꽃도 새도 짐승도 한자리 앉아, 워어이 워어이 모두 불러 한자리 앉아, 앳되고 고운 날을 누려 보리라.

—『해』, 청만사, 1949.

별 헤는 밤

윤동주

계절이 지나가는 하늘에는
가을로 가득 차 있습니다.

나는 아무 걱정도 없이
가을 속의 별들을 다 헬 듯합니다.

가슴 속에 하나 둘 새겨지는 별을
이제 다 못 헤는 것은
쉬이 아침이 오는 까닭이요
내일 밤이 남은 까닭이요
아직 나의 청춘이 다 하지 않은 까닭입니다.

별 하나에 추억과
별 하나에 사랑과
별 하나에 쓸쓸함과
별 하나에 동경과
별 하나에 시와
별 하나에 어머니, 어머니,

어머님, 나는 별 하나에 아름다운 말 한마디씩 불러 봅니다. 소학교 때 책상을 같이 했던 아이들의 이름과 패, 경, 옥, 이런 이국 소녀들의 이름과, 벌써 아기 어머니된 계집애들의 이름과, 가난한 이웃 사람들의 이름과, 비둘기, 강아지, 토끼, 노새, 노루, '프랑시스 잠', '라이너 마리아 릴케' 이런 시인의 이름을 불러 봅니다.

이네들은 너무나 멀리 있습니다.
별이 아스라이 멀 듯이.

어머님,
그리고 당신은 멀리 북간도에 계십니다.

나는 무엇인지 그리워
이 많은 별빛이 내린 언덕 위에
내 이름자를 써 보고
흙으로 덮어 버리었습니다.

딴은 밤을 새워 우는 벌레는
부끄러운 이름을 슬퍼하는 까닭입니다.

그러나 겨울이 지나고 나의 별에도 봄이 오면
무덤 위에 파란 잔디가 피어나듯이
내 이름자 묻힌 언덕 우에도
자랑처럼 풀이 무성할거외다.

— 『하늘과 바람과 별과 시』, 정음사, 1948.

초록의 길

이하석

때때로 가벼운 주검이
아주 가까운 데서 만져지는 수가 있다.
11월의 오후, 차고 마른 풀잎들이 모여 있는
도시 변두리 또는 도심의 공터의
푸른빛이 먼지와 함께 흩어지는 곳에서.

방아깨비 한 마리를 내가 사는 아파트의 진터에서 서성대다 발견했다. 아이들의 노래 소리 가까이 그 주검은 아무도 몰래 버려져 있었다. 바랭이풀의 마른 잎 사이에서 서걱거리는 것을, 처음에 나는 빈터 멀리서 날아온 은사시나무 가로수의 마른 잎인 줄 알았다. 그것은 속날개였다. 바깥을 덮었던 초록 외피의 튼튼한 겉날개는 떨어져 나가고, 속날개는 끝이 찢긴 채 몸체에 겨우 붙어 바람에 미세하게 흔들렸다. 흡사 죽어간 방아깨비의 몸을 떠나, 방아깨비의 초록 영혼을 이 도시의 하늘 위로 날리려는 것처럼. 통통했던, 미세한 물결무늬로 마디를 이루었던 배는 벌레에게 뜯겨 나가, 속이 비어 있었다. 머리 역시 반 쯤 뜯겨나가, 속이 비어 있었다. 껍질뿐인 몸으로 바람에 조금씩 날개 파닥이며 닳아갔다. 우리가 사는 도시의 밑바닥에는 칼날의 바람이 끊임없이 불어댔다. 나는 풀밭을 계속 걸어 다녔다. 잠시 후 풀섶 아래서 풀무치의 주검을 보았다. 이어서 여치와 잠자리의 주검들을 보았다. 그러나 이 주검들 앞에서 애통해 할 까닭은 없다.

가난하게 떨어져 땅에 눕는
내 시간의 따스한 집이여 주검이여
살아 있던 날들의 모든 기억을 고마워하며
우리 함께 여기에 눕느니
내 존재의 끝이자 시작인 너의 가슴에
지금 고요히 누워있으니

풀무치와 방아깨비, 여치, 잠자리들은 그들의 빛나는 날개로 여름을 분주히 날았고, 어쩌다 이곳으로 왔었고, 죽을 때가 되어서 죽은 것이다. 그 이상은 아무 것도 아니다. 다만 이 아파트의 가까운 곳의 이웃이 죽었을 때, 애통해 하는 가족들의 울음 속으로 여치울음이 끊임없이 들렸음을 나는 슬퍼한다. 죽은 이는 밧줄에 묶여 지상에 내려가 장의차를 타고 도심을 빠져나갔다. 이 도시와 산을 눈물로 이은 길을 만들면서. 또 나는, 사랑하는 이를 그릴 때 풀벌레의 울음을 끊임없이 들어야 하는 길고 고적한 밤도 보냈다. 내가 발견한 풀벌레의 주검들은 그 때 내 영혼을 흔들던 그것들이었으리라. 지금은 모든 풀벌레 소리도 끊기고, 밤은 너무나 고요하다. 모든 풀벌레들의 울음은 죽었다. 그러나 나는 그것들 하나 하나가 온 길을 비로소 찾아 나설 마음이 인다. 풀무치는 초록의 길을 따라, 산이나 들에서 이 도시의 깊은 곳으로 왔다. 처음엔 들판에서 쉽게 이어진 초록의 길이 도시 변두리의 빈터로 이어졌으리라. 그

다음엔 우리가 모르는 풀에서 풀로 이어진 길이 풀무치를 미세하게 이끌었으리라. 그렇다, 이 도심의 회색 콘크리트의 세계에도 자세히 보면-풀무치의 눈으로 보면-들과 산으로 이어진 초록의 길이 있다. 아무도 찾으려 하지 않는 그런 신비한 길이. 단순하게 자연이라 단정 지을 수는 없지만 우리 삶 속에는 그렇게 열린 길이 있다.

―『우리 낯선 사람들』, 세계사, 1989.

죽지 않는 도시

이형기

이 도시의 시민들은 아무도 죽지 않는다
어제 분명히 죽었는데도
오늘은 또 거뜬히 살아나서
조간을 펼쳐든 스트랄드브라그* 씨의 아침 식탁
그것은 위대한 생명공학의 승리
인공합성의 디엔에이 주사 한 대가
시민들의 영생불사를 확실하게 보장하고 있다
교통사고로 머리가 깨어진 채
오토바이의 엑셀레이터를 밟아대는 젊은 폭주족
온 몸에 암세포가 퍼져서
수술한 배를 그냥 덮어버린 노인이
내기 장기를 두다 싸운다
아무도 죽지 않기 때문에
장사를 망치고 죽을 지경인 장의사 주인도
죽지 않고 살아서 계속 파리를 날린다
1년에 한 살씩 나이를 먹는다는 계산은
전설이 되어버린 도시
얼마나 오래 살았는지
누구도 제 나이를 아는 사람이 없다
젊어도 늙고

늙어도 늙고
태어날 때부터 이미 폭삭 늙어서
온통 노역과 고집불통만 칡넝쿨처럼 칭칭
무성하게 뻗어난 도시
실연한 백발의 노처녀가 드디어 목을 맨다
그러나 결코 죽을 수는 없는 차가운 디엔에이의 위력
스스로 개발한 첨단의 생명공학이
죽음에의 길마저 차단해버린 문명의 막바지에서
시민들의 소망은 하나밖에 없다
아 죽고 싶다

* 스트랄드브라그는 <걸리버 여행기>에 나오는 영생 불사하는 종족의 이름이다.

— 『죽지 않는 도시』, 고려원, 1994.

고향

정지용

고향에 고향에 돌아와도
그리던 고향은 아니러뇨.

산 꿩이 알을 품고
뻐꾸기 제철에 울건만,

마음은 제 고향 지니지 않고
머언 항구로 떠도는 구름.

오늘도 뫼 끝에 홀로 오르니
흰점 꽃이 인정스레 웃고,

어린 시절에 불던 풀피리 소리 아니 나고
메마른 입술에 쓰디쓰다.

고향에 고향에 돌아와도
그리던 하늘만이 높푸르구나.

— 『정지용전집 1 시』, 민음사, 1988.

이슬

정현종

강물을 보세요 우리들의 피를
바람을 보세요 우리들의 숨결을
흙을 보세요 우리들 살을.

구름을 보세요 루이의 철학을
나무를 보세요 우리들의 시를
새들을 보세요 우리들의 꿈을.

아, 곤충들을 보세요 우리의 외로움을
지평선을 보세요 우리의 그리움을
꽃들의 삼매三昧를 우리의 기쁨을.

어디로 가시나요 누구의 몸 속으로
가슴도 두근두근 누구의 숨 속으로
열리네 저 길, 저 길의 무한 —

나무는 구름을 낳고 구름은
강물을 낳고 강물은 새들을 낳고
새들은 바람을 낳고 바람은
나무를 낳고……

열리네 서늘하고 푸른 그 길
취하네 어지럽네 그 길의 휘몰이
그 숨길 그 물길 한 줄기 혈관……

그 길 크나큰 거미줄
거기 열매 열은 한 방울 이슬 —
(진공眞空이 묘유妙有로 가네)
태양을 삼킨 이슬 만유의
바람이 굴려 만든 이슬 만유의
번개를 구워먹은 이슬 만유의
한 방울로 모인 만유의 즙 —
천둥과 잠을 자 천둥을 밴
이슬, 해왕성 명왕성의 거울
이슬, 벌레들의 내장을 지나 새들의
목소리 굴러 마침내
풀잎에 맺힌 이슬……

— 『세상의 나무들』, 문학과 지성사, 1995.

공장지대

최승호

무뇌아를 낳고 보니 산모는
몸 안에 공장지대가 들어선 느낌이다.
젖을 짜면 흘러내리는 허연 폐수와
아이 배꼽에 매달린 비닐끈들.
저 굴뚝들과 나는 간통한 게 분명해!
자궁 속에 고무인형 키워온 듯
무뇌아를 낳고 산모는
머릿속에 뇌가 있는지 의심스러워
정수리 털들을 하루 종일 뽑아댄다.

— 『세속 도시의 즐거움』, 세계사, 1990.

| 테마 2 | 낭만 • 심미 • 전통의 시

거대한 뿌리

김수영

나는 아직도 앉는 법을 모른다
어쩌다 셋이서 술을 마신다 둘은 한 발을 무릎 위에 얹고
도사리지 않는다 나는 어느새 남쪽식으로
도사리고 앉았다 그럴 때는 이 둘은 반드시
이북 친구들이기 때문에 나는 나의 앉음새를 고친다
8·15 후에 김병욱이란 시인은 두 발을 뒤로 꼬고
언제나 일본 여자처럼 앉아서 변론을 일삼았지만
그는 일본 대학에 다니면서 4년동안을 제철회사에서

노동을 한 강자다.

나는 이사벨· 버드· 비숍여사와 연애하고 있다 그녀는
1893년에 조선을 처음 방문한 영국왕립지학협회회원이다
그녀는 인경전의 종소리가 울리면 장안의
남자들이 사라지고 갑자기 부녀자의 세계로
화하는 극적인 서울을 보았다 이 아름다운 시간에는
남자로서 거리를 무단통행할 수 있는 것은 교구꾼,
내시, 외국인의 종놈, 관리들뿐이다 그리고
심야에는 여자는 사라지고 남자가 다시 오입을 하러
활보하고 나선다고 이런 기이한 관습을 가진 나라를

세계 다른 곳에서는 본 일이 없다고
천하를 호령한 민비는 한 번도 장안 외출을 하지 못했다
고……

전통은 아무리 더러운 전통이라도 좋다 나는 광화문
네거리에서 시구문 진창을 연상하고 인환네
처갓집 옆의 지금은 매립한 개울에서 아낙네들이
양잿물 솥에 불을 지피며 빨래하던 시절을 생각하고
이 우울한 시대를 파라다이스처럼 생각한다
버드·비숍여사를 안 뒤부터는 썩어 빠진 대한민국이
괴롭지 않다 오히려 황송하다 역사는 아무리
더러운 역사라도 좋다
진창은 아무리 더러운 진창이라도 좋다
나에게 놋주발보다 더 쨍쨍 울리는 추억이
있는 한 인간은 영원하고 사랑도 그렇다

비숍여사와 연애를 하고 있는 동안에는 진보주의자와
사회주의자는 네에미 씹이다 통일도 중립도 개좆이다
은밀도 심오도 학구도 체면도 인습도 치안국
으로 가라 동양척식회사, 일본영사관, 대한민국관리,
아이스크림은 미국놈 좆대강이나 빨아라 그러나
요강, 망건, 장죽, 종묘상, 장전, 구리개 약방, 신전
피혁점, 곰보, 애꾸, 애 못 낳는 여자, 무식쟁이,
이 모든 무수한 반동이 좋다
이 땅에 발을 붙이기 위해서는

—제3인도교의 물속에 박은 철근기둥도 내가 내 땅에
박는 거대한 뿌리에 비하면 좀벌레의 솜털
내가 내 땅에 박는 거대한 뿌리에 비하면

괴기영화의 맘모스를 연상시키는
까치도 까마귀도 응접을 못 하는 시꺼먼 가지를 가진
나도 감히 상상을 못하는 거대한 거대한 뿌리에 비하면……
(1964.2.3)

– 『거대한 뿌리』, 민음사, 1974.

정동진역

김영남

겨울이 다른 곳보다 일찍 도착하는 바닷가
그 마을에 가면
정동진이라는 억새꽃 같은 간이역이 있다.
계절마다 쓸쓸한 꽃들과 벤치를 내려놓고
가끔 두 칸 열차 가득
조개껍질이 되어버린 몸들을 싣고 떠나는 역.
여기에는 혼자 뒹굴기에 좋은 모래사장이 있고,
해안선을 잡아넣고 끓이는 라면집과
파도를 의자에 앉혀놓고
잔을 주고받기 좋은 소주집이 있다.
그리고 밤이 되면
외로운 방들 위에 영롱한 불빛을 다는
아름다운 천장도 볼 수 있다.
강릉에서 20분, 7번 국도를 따라가면
바닷바람에 철로 쪽으로 휘어진 소나무 한 그루와
푸른 깃발로 열차를 세우는 역사驛舍,
같은 그녀를 만날 수 있다.

— 『정동진역』, 민음사, 1998.

모란이 피기까지는

김영랑

모란이 피기까지는,
나는 아직 나의 봄을 기다리고 있을 테요.
모란이 뚝뚝 떨어져 버린 날
나는 비로소 봄을 여읜 설움에 잠길 테요.
오월 어느 날, 그 하루 무덥던 날,
떨어져 누운 꽃잎마저 시들어 버리고는
천지에 모란은 자취도 없어지고,
뻗쳐오르던 내 보람 서운케 무너졌느니
모란이 지고 말면 그뿐, 내 한 해는 다 가고 말아,
삼백 예순 날 하냥 섭섭해 우옵내다.
모란이 피기까지는,
나는 아직 기다리고 있을 테요, 찬란한 슬픔의 봄을.

— ≪문학≫, 1934년 4월호.

저녁눈

박용래

늦은 저녁 때 오는 눈발은 말집 호롱불 밑에 붐비다.

늦은 저녁 때 오는 눈발은 조랑말 발굽 밑에 붐비다.

늦은 저녁 때 오는 눈발은 여물 써는 소리에 붐비다.

늦은 저녁 때 오는 눈발은 변두리 빈터만 다니며 붐비다.

—『먼 바다』, 창작과비평사, 1984.

꿈의 이동건축

박주택

1
목재를 실어 나르는 화차貨車를 타고
숲으로 가네
수맥을 짚어 한 모금의
물을 마시는 동안
구름이 어둡게 어둡게 몰려오지만
풀밭에 제비꽃 몇 장 숨기고 있겠지
훠어이 훠어이 부는 바람같이만
처음인 곳으로 가는 나중의 하늘
숲 속으로 들어서면 푸른 잎맥의 바다
물레를 잣는 어머니처럼 부드럽게
하늘이
내게로 내려와 물을 주시고
마을의 풀밭에 씨앗을 뿌리시고.
아하 바람은 한사코 내 머리 위에 머물러 있다.
끌로 땅 끝을 깎아 나무들 사이의 행적行蹟을 깎아
햇살을 모아 두면서, 바람의 옆모습을 지켜본다.
세계는 옆으로 열리고 열린 창문처럼
쑥뿌리가 내 겨드랑이 털까지 휘감아 돈다.

2
뽑힌 노을은 동쪽 하늘에 머물러 있을 것인가.
창포 꽃잎이 티눈처럼 손바닥에 퍼지고
귀에 잡힌 푸른 공기, 푸른 목숨이 서럽게 느낄 무렵
가슴속 얽혀 있는 내 생애生涯를 점치리라.
별을 보며, 넓적다리에 진득거리는 절망을 떼어 다오.
어제처럼 노을 위에 누울 때
까마귀 떼 내 발밑으로 돌아와 눕고

무릎 사이로 말할 수 없이 많은 강물이 빠져나가 시방,
내 앞을 지나가는 사랑 앞에 서면 반딧불보다 더 빛
나는 나뭇잎들. 산이 되는 바람에 의해 숲을 건너온 강
물은 팽팽한 슬픔을 만드는데
나는, 흡반으로 길고 먼 바다를 빨아들인다.

한 마름의 비단으로 아버지가 가슴을 껴안네.
이 손바닥에 비쳐지는 단 하나의 바다. 우수의 불꽃.
안개 표지판 없는 생애의 채찍을 몰아
서녘 하늘 굽이굽이 돌아 모두
내 집으로 불러들이는
내 뒤를 밟던 새떼.

3
손수 나의 흉금을 털어놓자
화살 모양의 안개는 지평선 밖으로

과녁을 찾아 떠나가고.
나는 집 구조와 가구들을 이동시킨다.
강물 때문에 어느새 현기증이
높낮이의 생애를 닮아 가도
나는 다시는 태양을 찾지 않는다.
처음으로 약속 받은 땅의 일이며
어떠한 경우에도 이것은 바뀌지지 않는 것이므로.
다만, 나무들이 지평 위에서 나를 지켜보기 위하여
날마다 까마귀 알을 받아 낼 뿐이므로.

그러면서도, 생명을 낳고 뜨거운 혈맥을 찾아 계곡을
건너온 물소리가 굽이굽이 천정을 올리고, 허물을 벗는
바람을 얼러 등 굽은 회양목 아래서 또다시 깊은 잠을
자리라. 그때는 겹겹의 사랑이 땅 끝에서, 살아 있는 나를
눈물겹게 껴안아 주리라.

내 입의 불, 어두운 저녁녘에 그려내는 내 눈의 태양.
꿈의 세계로부터 빛나는 아름다운 약속.
지평을 밝히는 꿈으로 새는 날아가고
머리에 불꽃을 이고 아침.
나는 잠을 깬다. 일찍이
내가 화차를 타고 이주해 온 숲의 아침에
맑은 햇살이 거미줄을 투명하게 비춰 주고
보물과 곡식들이 가득 찬 나라에서, 말하리라.
깊이를 숨긴 고독 속 새로 남아

내 굴레가 무엇이며
어떤 속박으로 죄어드는가를.
그때, 사과나무에서 꽃이 피고
양떼들의 풀밭에 양떼구름이
어떻게 순례하는가를.

—『꿈의 이동건축』, 천년의 시작, 2004.

여우난골족

백 석

명절날 나는 엄매아배 따라 우리집 개는 나를 따라 진할머니 진할아버지가 있는 큰 집으로 가면

얼굴에 별자국이 솜솜 난 말수와 같이 눈도 껌벅거리는 하루에 베 한 필을 짠다는 벌 하나 건너 집엔 복숭아 나무가 많은 신리新里 고무. 고무의 딸 이녀李女 작은 이녀李女

열여섯에 사십이 넘은 홀아비의 후처가 된 포족족하니 성이 잘 나는 살빛이 매감탕 같은 입술과 젖꼭지는 더 까만 예수쟁이 마을 가까이 사는 土山 고무 고무의 딸 승녀承女 아들 승承동이

육십 리라고 해서 파랗게 보이는 산을 넘어 있다는 해변에서 과부가 된 코끝이 빨간 언제나 흰 옷이 정하든 말끝에 섧게 눈물을 짤 때가 많은 큰골 고무 고무의 딸 홍녀洪女 아들 홍洪동이 작은 홍洪동이

배나무접을 잘 하는 주정을 하면 토방돌을 뽑는 오리치를 잘 놓는 먼 섬에 반디젓 담그러 가기를 좋아하는 삼춘 삼춘엄매 사춘누이 사춘동생들

이 그득히들 할머니 할아버지가 있는 안간에들 모여서 방안에서는 새 옷의 내음새가 나고

또 인절미 송구떡 콩가루차떡의 내음새도 나고 끼때의 두부와 콩나물과 볶은 잔디와 고사리와 도야지 비계는 모두 선득선득하니 찬 것들이다

저녁술을 놓은 아이들은 외양간섶 밭마당에 달린 배나무동산에서 쥐잡이를 하고 숨굴막질을 하고 꼬리잡이를 하고 가마타고 시집가는 놀음 말 타고 장가가는 놀음을 하고 이렇게 밤이 어둡도록 북적하니 논다

밤이 깊어가는 집안엔 엄매는 엄매들끼리 아르간에서들 웃고 이야기하고 아이들은 아이들끼리 웃간 한 방을 잡고 조아질하고 쌈방이 굴리고 바리깨돌림하고 호박떼기하고 제비손이구손이하고 이렇게 화디의 사기방등에 심지를 몇 번이나 돋구고 홍게닭이 몇 번이나 울어서 졸음이 오면 아랫목 싸움 자리싸움을 하며 히드거리다 잠이 든다 그래서는 문창에 텅납새의 그림자가 치는 아침 시누이 동세들이 욱적하니 홍성거리는 부엌으론 샛문 틈으로 장지문틈으로 무이징게국을 끓이는 맛있는 냄새가 올라오도록 잔다.

— 『백석시 전집』, 창작과 비평사, 1987.

산문에 기대어

송수권

누이야
가을산 그리메에 빠진 눈썹 두어 낱을
지금도 살아서 보는가
정정한 눈물 돌로 눌러 죽이고
그 눈물 끝을 따라가면
즈믄 밤의 강이 일어서던 것을
그 강물 깊이깊이 가라앉은 고뇌의 말씀들
돌로 살아서 반짝여 오던 것을
더러는 물 속에서 튀는 물고기같이
살아오던 것을
그리고 산다화 한 가지 꺾어 스스럼없이
건네이던 것을

누이야 지금도 살아서 보는가
가을산 그리메에 빠져 떠돌던, 그 눈썹 두어 낱을 기러기가
강물에 부리고 가는 것을
내 한 잔은 마시고 한 잔은 비워 두고
더러는 잎새에 살아서 튀는 물방울같이
그렇게 만나는 것을

누이야 아는가
가을산 그리메에 빠져 떠돌던
눈썹 두어 낱이
지금 이 못물 속에 비쳐옴을

— 『산문에 기대어』, 문학사상사, 1980.

산경山經 가는 길

송찬호

저 행복한 동물원 가족들
귀여운 토끼 귀, 쫑긋과
앙증맞은 여우 신발, 사뿐이
엄마 아빠 손을 잡고
동백꽃 보러 간다
아빠, 동백은 어떻게 생겼어요,
곰 아저씨처럼 무서워요?
동백은 결코 땅에 항복하지 않는 꽃이란다
거친 땅을 밟고 다니느라
동백의 발바닥은 아주 붉지
그런 부리부리한 동백이
앞발을 번쩍 들고
이만큼 높이에서 피어 있단다
동물원 쇠창살을 찢고
집을 찢고
아버지를 찢고
나뭇가지를 찢고 나와
이렇게 불끈,
모두 산경에 나오는 이야기란다

—『붉은 눈, 동백』, 문학과지성사, 2000.

그 먼 나라를 알으십니까

신석정

어머니,
당신은 그 먼 나라를 알으십니까?

깊은 삼림 지대를 끼고 돌면
고요한 호수에 흰 물새 날고
좁은 들길에 들장미 열매 붉어,
멀리 노루새끼 마음 놓고 뛰어 다니는
아무도 살지 않는 그 먼 나라를 알으십니까

그 나라에 가실 때에는 부디 잊지 마셔요.
나와 같이 그 나라에 가서 비둘기를 키웁시다.

어머니,
당신은 그 먼 나라를 알으십니까

산비탈 넌지시 타고 내려오면,
양지밭에 흰 염소 한가히 풀 뜯고
길 솟는 옥수수밭에 해는 저물어 저물어,
먼 바다 물소리 구슬피 들려오는
아무도 살지 않는 그 먼 나라를 알으십니까

어머니, 부디 잊지 마셔요.
그때 우리는 어린 양을 몰고 돌아옵시다.

어머니,
당신은 그 먼 나라를 알으십니까

오월 하늘에 비둘기 멀리 날고
오늘처럼 촐촐히 비가 내리면,
꿩 소리도 유난히 한가롭게 들리리다.
서리 까마귀 높이 날아 산국화 더욱 곱고,

노란 은행잎이 한들한들 푸른 하늘에 날리는
가을이면 어머니, 그 나라에서

양지밭 과수원에 꿀벌이 잉잉거릴 때,
나와 함께 그 새빨간 능금을 또옥 똑 따지 않으렵니까?

— 『촛불』, 인문평론사, 1939.

나의 침실로

이상화

마돈나, 지금은 밤도 모든 목거지에 다니노라, 피곤하여 돌아가려는도다.
아, 너도 먼동이 트기 전으로 수밀도水蜜桃의 네 가슴에 이슬이 맺도록 달려오너라.

마돈나, 오려무나. 네 집에서 눈으로 유전遺傳하던 진주는 다 두고 몸만 오너라.
빨리 가자. 우리는 밝음이 오면 어딘지 모르게 숨는 두 별이어라.

마돈나, 구석지고도 어둔 마음의 거리에서 나는 두려워 떨며 기다리노라.
아, 어느덧 첫닭이 울고 - 뭇 개가 짖도다. 나의 아씨여 너도 듣느냐?

마돈나, 지난밤이 새도록 내 손수 닦아 둔 침실로 가자 침실로!
낡은 달은 빠지려는데 내 귀가 듣는 발자국—오 너의 것이냐?

마돈나, 짧은 심지를 더우잡고 눈물도 없이 하소연하는 내 마음의 촛불을 봐라.
양털같은 바람결에도 질식이 되어 얄푸른 연기로 꺼지려는도다.

마돈나, 오너라. 가자. 앞산 그리매가 도깨비처럼 발도 없이 가까이 오도다.
아, 행여나 누가 볼런지—가슴이 뛰누나. 나의 아씨여. 너를 부른다.

마돈나, 날이 새련다. 빨리 오려무나. 사원寺院의 쇠북이 우리를 비웃기 전에
네 손이 내 목을 안아라. 우리도 이 밤과 같이 오랜 나라로 가고 말자.
마돈나, 뉘우침과 두려움의 외나무다리 건너 있는 내 침실, 열 이도 없느니
아, 바람이 불도다. 그와 같이 가볍게 오려무나. 나의 아씨여, 네가 오느냐?

마돈나, 가엾어라. 나는 미치고 말았는가. 없는 소리를 내 귀가 들음은 -
내 몸에 피란 피 - 가슴의 샘이 말라 버린 듯 마음과 몸이 타려는도다.

마돈나, 언젠들 안 갈 수 있으랴. 갈 테면 우리가 가자. 끌려

가지 말고

너는 내 말을 믿는 마리아 - 내 침실이 부활의 동굴임을 네야 알련만….

마돈나, 밤이 주는 꿈, 우리가 얽는 꿈, 사람이 안고 궁구는 목숨의 꿈이 다르지 않느니.

아, 어린애 가슴처럼 세월 모르는 나의 침실로 가자. 아름답고 오랜 거기로.

마돈나, 별들의 웃음도 흐려지려 하고 어둔 밤 물결도 잦아지려는도다.

아, 안개가 사라지기 전으로 네가 와야지. 나의 아씨여, 너를 부른다.

— ≪백조≫ 3호, 1923.

새떼들에게로의 망명

장석남

1
찌르라기떼가 왔다
쌀 씻어 안치는 소리처럼 우는
검은 새떼들

찌르라기떼가 몰고 온 봄 하늘은
햇빛 속인데도 저물었다

저문 하늘을 업고 제 울음 속을 떠도는
찌르라기 속에
환한 봉분이 하나 보인다.

2
누군가 찌르라기 울음 속에 누워 있단 말인가
봄 햇빛이 너무 빽빽해
오래 생각할 수 없지만
오랜 세월이 지난 후
나는 저 새떼들이 나를 메고 어디론가 가리라,
저 햇빛 속인데도 캄캄한 세월 넘어 자기 울음 가파른 어느

기슭엔가로
데리고 가리라는 것을 안다

찌르라기떼 가고 마음엔 늘
누군가 쌀을 안친다
아무도 없는데
아궁이 앞이 환하다.

— 『새떼들에게로의 망명』, 문학과 지성사, 1991.

유배지에서 보내는 정약용의 편지

정일근

제1신

아직은 미명이다. 강진의 하늘 강진의 벌판 새벽이 당도하길 기다리며 죽로차를 달이는 치운 계절, 학연아 남해바다를 건너 우두봉牛頭峰을 넘어오다 우우 소울음으로 몰아치는 하늬바람에 문풍지에 숨겨둔 내 귀 하나 부질없이 부질없이 서울의 기별이 그립고, 흑산도로 끌려가신 약전 형님의 안부가 그립다. 저희들끼리 풀리며 쓸리어가는 얼음장 밑 찬 물소리에도 열 손톱들이 젖어 흐느끼고 깊은 어둠의 끝을 헤치다 손톱마저 다 닳아 스러지는 적소謫所의 밤이여, 강진의 밤은 너무 깊고 어둡구나. 목포, 해남, 광주 더 멀리 나간 마음들이 지친 봉두난발蓬頭亂髮을 끌고와 이 악문 찬 물소리와 함께 흘러가고 아득하여라, 정말 아득하여라. 처음도 끝도 찾을 수 없는 미명의 저편은 나의 눈물인가 무덤인가 등잔불 밝혀도 등뼈 자욱이 깎고 가는 바람소리 머리 풀어 온 강진 벌판이 우는 것 같구나.

제2신

이 깊고 긴 겨울밤들을 예감했을까 봄날 텃밭마다 무우를 심었다. 여름 한철 노오란 무우꽃이 피어 가끔 벌, 나비들이 찾아와 동무해주더니 이제 그 중 큰놈 몇 개를 뽑아 너와지붕

추녀 끝으로 고드름이 열리는 새벽까지 밤을 재워 무우채를 썰면, 절망을 썰면, 보은산 컹컹 울부짖는 승냥이 울음소리가 두렵지 않고 유배보다 더 독한 어둠이 두렵지 않구나. 어쩌다 폭설이 지는 밤이면 등잔불을 어루어 시경강의보詩經講義補를 엮는다. 학연아 나이가 들수록 그리움이며 한이라는 것도 속절이 없어 첫해에는 산이라도 날려 보낼 것 같은 그리움이, 강물이라도 싹둑싹둑 베어버릴 것 같은 한이 폭설에 갇혀 서울로 가는 길이란 길은 모두 하얗게 지워지는 밤, 사선재四宣齋에 앉아 시 몇 줄을 읽으면 세상의 법도 왕가의 법도 흘러가는 법, 힘줄 고운 한들이 삭아서 흘러가고 그리움도 남해바다로 흘러가 섬을 만드누나.

— 『바다가 보이는 교실』, 창작과 비평사, 1987.

불놀이

주요한

아아, 날이 저문다. 서편 하늘에, 외로운 강물 위에, 스러져가는 분홍빛 놀. 아아 해가 저물면 해가 저물면, 날마다 살구나무 그늘에 혼자 우는 밤이 또 오건마는, 오늘은 사월이라 파일날 큰길을 물밀어가는 사람 소리는 듣기만 하여도 흥성스러운 것을 나만 혼자 가슴에 눈물을 참을 수 없는고.

아아 춤을 춘다, 춤을 춘다, 시뻘건 불덩이가, 춤을 춘다. 잠잠한 성문城門 위에서 나려다보니, 물 냄새 모래 냄새, 밤을 깨물고 하늘을 깨무는 횃불이 그래도 무엇이 부족하야 제 몸까지 물고 뜯을 때, 혼자서 어두운 가슴 품은 젊은 사람은 과거의 퍼런 꿈을 찬 강물 위에 내어 던지나, 무정한 물결이 그 그림자를 멈출 리가 있으랴? …… 아아 꺾어서 시들지 않는 꽃도 업건마는, 가신 님 생각에 사라도 죽은 이 마음이야, 에라 모르겠다. 저 불길로 이 가슴 태와 버릴까, 이 설움 살라 버릴까, 어제도 아픈 발 끌면서 무덤에 가 보았더니 겨울에는 말랐던 꽃이 어느덧 피었더라마는, 사랑의 봄은 또다시 안 돌아 오는가, 차라리 속 시언이 오늘 밤 이 물 속에. 그러면 행여나 불쌍히 여겨줄 이나 있을까…… 할 적에 퉁, 탕, 불티를 날리면서 튀어나는 매화포, 펄떡 정신을 차리니 우구우구 떠드는 구경꾼의 소리가 저를 비웃는 듯, 꾸짖는 듯. 아아 좀 더 강렬

한 열정에 살고 싶다. 저기 저 횃불처럼 엉기는 연기, 숨 막히는 불꽃의 고통 속에서라도 더욱 뜨거운 삶을 살고 싶다고 뜻밖에 가슴 두근거리는 것은 나의 마음.

4월달 따스한 바람이 강을 넘으면, 청류벽, 모란봉 높은 언덕 우에 허어옇게 흐늑이는 사람 떼, 바람이 와서 불적마다 불빛에 물든 물결이 미친 웃음을 웃으니, 겁 많은 물고기는 모래 밑에 들어박히고, 물결치는 뱃슭에는 졸음 오는 '이즘'의 형상이 오락가락…… 어른거리는 그림자, 일어나는 웃음소리, 달아논 등불 밑에서 목청껏 길게 빼는 어린 기생의 노래, 뜻밖에 정욕情欲을 이끄는 불구경도 인제는 겹고, 한 잔 한 잔 또 한 잔 끝없는 술도 인제는 싫어, 지저분한 배 밑창에 맥없이 누우며 까닭 모르는 눈물은 눈을 데우며, 간단間斷 없는 장고 소리에 겨운 남자들은 때때로 불니는 욕심에 못 견디어 번득이는 눈으로 뱃가에 뛰어나가면, 뒤에 남은 죽어가는 촛불은 우그러진 치마 깃 위에 조을 때, 뜻있는 듯이 삐걱거리는 배젓개 소리는 더욱 가슴을 누른다.

아아 강물이 웃는다. 웃는다. 괴상한 웃음이다. 차디찬 강물이 껌껌한 하늘을 보고 웃는 웃음이다. 아아 배가 올라온다. 배가 오른다. 바람이 불 적마다 슬프게 슬프게 삐걱거리는 배가 오른다.

저어라, 배를 멀리서 잠자는 능라도까지, 물살 빠른 대동강을 저어 오르라. 거기 너의 애인이 맨발로 서서 기다리는 언덕으로 곧추 너의 뱃머리를 돌니라. 물결 끝에서 일어나는 추운 바람도 무엇이리오. 괴이怪異한 웃음소리도 무엇이리오, 사랑 일흔 청년의 어두운 가슴 속도 너에게야 무엇이리오, 그림자 없이는 밝음도 있을 수 없는 것을 오오 다만 네 확실한 오늘을 노치지 말라. 오오 사르라, 사르라! 오늘밤! 너의 발간 횃불을, 발간 입술을, 눈동자를, 또한 너의 발간 눈물을.

— ≪창조≫, 1919년

| 테마 3 | 노동 • 이념의 시

백수의 탄식

김기진

카페 의자에 걸터앉아서
희고 흰 팔을 뽐내어가며
브나로드! 라고 떠들고 있는
60년 전의 노서아 청년이 눈앞에 있다……

Cafe Chair Revolutionist
너희들의 손이 너무도 희구나~

희고 흰 팔을 뽐내어가며
입으로 말하기는 '브나로드!'
60년 전의 노서아 청년의
헛된 탄식이 우리에게 있다 —

Cafe Chair Revolutionist
너희들의 손이 너무도 희구나!
아아! 60년 전의 옛날
노서아 청년의 '백수의 탄식'은
미각을 죽이고서 내려가 서고자 하던
전력을 다하던 전력을 다하던 탄식이었다.

Ah! Cafe Chair Revolutionist
너희들의 손이 너무도 희어!

— 김용직, 『현대 경향시 해석/비평』, 느티나무, 1991.

사무원

김기택

이른 아침 6시부터 밤 10시까지 하루도 빠짐없이
그는 의자 고행을 했다고 한다.
그는 자기 책상 자기 의자에만 앉아 있었으므로
사람들은 그가 서 있는 모습을 여간해서는 볼 수 없었다고 한다.
점심시간에도 의자에 단단히 붙박여
보리밥과 김치가 든 도시락으로 공양을 마쳤다고 한다.
그가 화장실 가는 것을 처음으로 목격했다는 사람에 의하면
놀랍게도 그의 다리는 의자가 직립한 것처럼 보였다고 한다.
그는 하루종일 손익관리대장경損益管理擡帳經과 자금수지심경資金收支心經속의 숫자를 읊으며
철저히 고행업무 속에만 은둔하였다고 한다.
종소리 북소리 목탁소리로 전화벨이 울리면
수화기에다 자금현황 매출원가 영업이익 재고자산 부실채권 등등을
청아하고 구성지게 염불했다고 한다.
끝없는 수행정진으로 머리는 점점 빠지고 배는 부풀고
커다란 머리와 몸집에 비해 팔다리는 턱없이 가늘어졌으며
오랜 음지의 수행으로 얼굴은 창백해졌지만
그는 매일 상사에게 굽실굽실 108배를 올렸다고 한다.

수행에 너무 지극하게 정진한 나머지
전화를 걸다가 전화기 버튼 대신 계산기를 누르기도 했으며
귀가하다가 지하철 개찰구에 승차권 대신 열쇠를 밀어 넣었다고도 한다.
이미 습관이 모든 행동과 사고를 대신할 만큼
깊은 경지에 들어갔으므로
사람들은 그를 '30년간의 장좌불립長座不立'이라고 불렀다 한다.
그리 부르든 말든 그는 전혀 상관치 않고 묵언으로 일관했으며
다만 혹독하다면 혹독할 이 수행을
외부압력에 의해 끝까지 마치지 못할까 두려워했다고 한다.
그나마 지금껏 매달릴 수 있다는 것을 큰 행운으로 여겼다고 한다.
그의 통장으로는 매달 적은 대로 시주가 들어왔고
시주는 채워지기 무섭게 속가의 살림에 흔적 없이 스며들었으나
혹시 남는지 역시 모자라는지 한 번도 거들떠보지 않았다고 한다.
그의 책상 아래에는 여전히 다리가 여섯이었고
둘은 그의 다리 넷은 의자다리였지만
어느 둘이 그의 다리였는지는 알 수 없었다고 한다.

— 『사무원』, 창작과 비평사, 1999.

인부수첩 1 – 우리들은

김해화

우리는 별을 지우고
우리는 별을 그릴 수 있다
하늘을 그리고 땅을 그리고
우리는 모두를 지울 수 있다

우리는 우리들을 지우고
그렇다 우리들의 비겁, 우리들의 가난을 지우고
우리는 우리들을 그릴 수 있다
우리들의 길들지 않은 노동으로
건장한 혁명도 그릴 수 있다
어둠이여
어둠보다 깊은 체념이여
우리가 휘두르는 망치 아래 휘어지고 끊기는 철근
그것들과 함께 묶여
뼛속까지 스며서야 비로소 멈추는 아픔을
원색의 욕설과 독한 술로 지우듯
우리는 어둠을
어둠보다 깊은 체념을 지울 수 있다

우리는 노래를 지우고

우리는 노래를 그릴 수 있다
우리는 눈물을 지우고
우리는 눈물을 그릴 수 있다

우리는 모두를 지우고
우리는 모두를 그릴 수도 있다.

— 『인부수첩』, 실천문학사, 1989.

노동의 새벽

박노해

전쟁 같은 밤일을 마치고 난
새벽 쓰린 가슴 위로
차거운 소주를 붓는다
아
이러다간 오래 못가지
이러다간 끝내 못가지

설은 세 그릇 짬밥으로
기름투성이 체력전을
전력을 다 짜내어 바둥치는
이 전쟁 같은 노동일을
오래 못가도
끝내 못가도
어쩔 수 없지

탈출할 수만 있다면,
진이 빠져, 허깨비 같은
스물아홉의 내 운명을 날아 빠질 수만 있다면
아 그러나
어쩔 수 없지 어쩔 수 없지

죽음이 아니라면 어쩔 수 없지
이 질긴 목숨을,
가난의 멍에를,
이 운명을 어쩔 수 없지

늘어 쳐진 육신에
또다시 다가올 내일의 노동을 위하여
새벽 쓰린 가슴 위로
차거운 소주를 붓는다
소주보다 독한 깡다구를 오기를
분노와 슬픔을 붓는다

어쩔 수 없는 이 절망의 벽을
기어코 깨뜨려 솟구칠
거칠은 땀방울, 피눈물 속에
새근새근 숨쉬며 자라는
우리들의 사랑
우리들의 분노
우리들의 희망과 단결을 위해
새벽 쓰린 가슴 위로
차거운 소주잔을
돌리며 돌리며 붓는다
노동자의 햇새벽이
솟아오를 때까지

— 『노동의 새벽』, 풀빛, 1984.

취업 공고판 앞에서

박영근

제대를 하고, 세월도 믿음도 무심히 멱살을 잡고 흔들던 스물다섯 계급장을 떼고도 나는
갈 곳이 없었다. 바람 불면 허수아비 제 가슴을 치는 가을 저녁답, 어머니 또 우시고

높은 굴뚝에서는 연기가 솟아올랐다 잘 다려진 작업복을 끌고 어쩌다
계집아이들이 크래카를 씹으며 지나갔다 가로수가지마다 매달려 떨고 있는 하나, 둘
눈물방울 같은 잎새들 이른 아침 누이의 세숫대야엔 붉은 피가 자꾸만 번졌다
발밑에서 으깨지는 비명소리, 나뭇잎들 들판이나 한 번 둘러보고 가거라
갯벌이나 한 번 또 한 번 돌부리에 넘어져 어머니
검정 치맛자락에 피가 흘렀다 여전히 굴뚝에서는 연기가 솟아올랐다

출신도 전북 본적지 서해중학교 졸업 고향도 두고 사랑마저 등진 신세사 핸드카를 밀면서 울어야 하나
울어야하나 부르면 고향은 조막손 아프게 찌르던 낫 자국들

잘 살자 진성전자공원들아 어둡게 화장실 낙서 같은 곳에서도 얼어붙고
오줌을 갈기며 얼어붙은 아랫도리로
이름을 써 갈기며 군대 삼년 몸으로 때워나가자 개새끼처럼 웃던
날들 모집공고 위에도 눈발은 내려쳤다

내려앉고 싶었다 이력서도 구겨버리고 문득 공고판 아래 얼어붙는 어머니
엉겅퀴 들판도 밀어버리고
등 뒤론 움켜쥔 손 마디마디 풀며 떠오르는 눈송이들
하얗게 쌓여가는 불빛들 내려앉고 싶었다
엎드려서 감출 수 있는 것은 눈물들뿐일까 전봇대 같은 곳에 기대여 바라보면 어느새
눈발 그친 곳에서도 불빛은 흐려지고
누이여
흩어지고 어디로 또 떠나는 밤기차 소리에도 부서지고.

— 『취업 공고판 앞에서』, 청사, 1984.

만국의 노동자여

백무산

무슨 밥을 먹는가가 문제다
우리는 밥에 따라 나뉘었다
그 밥에 따라 양심이 나뉘고
윤리가 나뉘고 도덕이 나뉘고
또 민족이 서로 나뉘고

그래서 밥이 의식을 만든다는 것은
뇌의 생체학적 현상이 아니라
사회적이고 인류적이고
그래서 밥은 계급적이고

밥의 나뉨은 또 식품문화적 구별도
영양학적 구별도 아니고
보편의 언어요 이념이요 과학이요 인식이다

노동자의 가슴에
노동자의 피가 흐르는 것은
밥이 다르기 때문이다

그래서, 호남과 영남은

밥에 따라 다시 나누어야 한다
그래서, 아메리카 아프리카 아시아도
종교가 아니라 국가가 아니라
밥에 따라 다시 나누어야 한다
그래서, 동서의 분단 남북의 갈라섬도
밥에 따라 다시 분단시켜야 한다

피땀 어린 고귀한 생산자의 밥의 나라냐
착취와 폭력의 수탈자의 밥의 나라냐

그대들은 무슨 밥을 먹는가
게으른 역사의 바퀴를 서둘러
움직일 수 있는 사람들 오직
지상의 모든 노동자들이여
형제들이여!

— 『만국의 노동자여』, 청사, 1988.

종

설정식

만萬 생령生靈 신음呻吟을
어드메 간직하였기
너는 항상 돌아앉아
밤을 지키고 새우느냐

무거이 드리운 침묵이여
네 존엄을 뉘 깨뜨리느뇨
어느 권력이 네 등을 두드려
목메인 오열嗚咽을 자아내드뇨

권력이어든 차라리 살을 앗으라
영어囹圄에 물어진 살이거든
아 권력이어든 아깝지도 않은 살을 저미라

자유는 그림자보다는 크드뇨
그것은 영원히 역사의 유실물이드뇨
한아름 공허여
아 우리는 무엇을 어루만지느뇨

그러나 무거이 드리운 인종忍從이어

동혈洞穴보다 깊은 네 의지 속에
민족의 감내堪耐를 살게 하라
그리고 모든 요란한 법을 거부하라

내 간 뒤에도 민족은 있으리니
스스로 울리는 자유를 기다리라
그러나 내 간 뒤에도 신음은 들리리니
내 파루罷漏를 소리 없이 치라

— 『붉은 아가웨 열매를』, 미래사, 1991.

농무

신경림

징이 울린다 막이 내렸다
오동나무에 전등이 매어달린 가설무대
구경꾼이 돌아가고 난 텅 빈 운동장
우리는 분이 얼룩진 얼굴로
학교 앞 소줏집에 몰려 술을 마신다
답답하고 고달프게 사는 것이 원통하다
꽹과리를 앞장 세워 장거리로 나서면
따라붙어 악을 쓰는 건 쪼무래기들뿐
처녀애들은 기름집 담벽에 붙어서서
철없이 킬킬대는구나
보름달은 밝아 어떤 녀석은
꺽정이처럼 울부짖고 또 어떤 녀석은
서림이처럼 해해대지만 이까짓
산구석에 처박혀 발버둥친들 무엇하랴
비료값도 안 나오는 농사 따위야
아예 여편네에게나 맡겨두고
쇠전을 거쳐 도수장 앞에 와 돌 때
우리는 점점 신명이 난다
한 다리를 들고 날라리를 불거나
고갯짓을 하고 어깨를 흔들거나

— 『농무』, 창작과 비평사, 1973.

우리 오빠와 화로

임 화

사랑하는 우리 오빠 어저께 그만 그렇게 위하시던 오빠의 거북 무늬 질화로가 깨어졌어요
언제나 오빠가 우리들의 '피오닐' 조그만 기수라 부르는 영남永男이가
지구에 해가 비친 하루의 모—든 시간을 담배의 독기 속에다
어린 몸을 잠그고 사온 그 거북 무늬 화로가 깨어졌어요

그리하여 지금은 화火젓가락만이 불쌍한 영남이하고 저하고처럼 똑 우리 사랑하는 오빠를 잃은 남매와 같이 외롭게 벽에가 나란히 걸렸어요

오빠 ……
저는요 저는요 잘 알았어요
왜—그날 오빠가 우리 두 동생을 떠나 그리로 들어가신 그날 밤에
연거푸 말은 궐련卷煙을 세 개씩이나 피우시고 계셨는지
저는요 잘 알았어요 오빠

언제나 철없는 제가 오빠가 공장에서 돌아와서 고단한 저녁을 잡수실 때 오빠 몸에서 신문지 냄새가 난다고 하면

오빠는 파란 얼굴에 피곤한 웃음을 웃으시며
……네 몸에선 누에 똥내가 나지 않니—하시던 세상에 위대하고 용감한 우리 오빠가 왜 그날만
말 한 마디 없이 담배 연기로 방 속을 메워 버리시는 우리 우리 용감한 오빠의 마음을 저는 잘 알았어요
천정을 향하여 기어 올라가던 외줄기 담배 연기 속에서—오빠의 강철 가슴 속에 박힌 위대한 결정과 성스러운 각오를 저는 분명히 보았어요
그리하여 제가 영남이의 버선 하나도 채 못 기웠을 동안에
문지방을 때리는 쇳소리 마루를 밟는 거칠은 구두소리와 함께—가 버리지 않으셨어요

그러면서도 사랑하는 우리 위대한 오빠는 불쌍한 저의 남매의 근심을 담배 연기에 싸 두고 가지 않으셨어요
오빠—그래서 저도 영남이도
오빠와 또 가장 위대한 용감한 오빠 친구들의 이야기가 세상을 뒤집을 때
저는 제사기製絲機를 떠나서 백 장에 일 전짜리 봉통封筒에 손톱을 부러뜨리고
영남이도 담배 냄새 구렁을 내쫓겨 봉통 꽁무니를 뭅니다
지금—만국지도 같은 누더기 밑에서 코를 고을고 있습니다

오빠—그러나 염려는 마세요
저는 용감한 이 나라 청년인 우리 오빠와 핏줄을 같이 한 계집애이고

영남이도 오빠도 늘 칭찬하던 쇠같은 거북무늬 화로를 사온 오빠의 동생이 아니에요
그리고 참 오빠 아까 그 젊은 나머지 오빠의 친구들이 왔다 갔습니다
눈물 나는 우리 오빠 동무의 소식을 전해 주고 갔어요
사랑스런 용감한 청년들이었습니다
세상에 가장 위대한 청년들이었습니다
화로는 깨어져도 화젓갈은 깃대처럼 남지 않았어요
우리 오빠는 가셨어도 귀여운 '피오닐' 영남이가 있고
그리고 모든 어린 '피오닐'의 따뜻한 누이 품 제 가슴이 아직도 더웁습니다

그리고 오빠 ……
저뿐이 사랑하는 오빠를 잃고 영남이뿐이 굳세인 형님을 보낸 것이겠습니까
슬프지도 않고 외롭지도 않습니다
세상에 고마운 청년 오빠의 무수한 위대한 친구가 있고 오빠와 형님을 잃은 수없는 계집아이와 동생
저희들의 귀한 동무가 있습니다

그리하여 이 다음 일은 지금 섭섭한 분한 사건을 안고 있는 우리 동무 손에서 싸워질 것입니다

오빠 오늘 밤을 새워 이만 장을 붙이면 사흘 뒤엔 새 솜옷이 오빠의 떨리는 몸에 입혀질 것입니다

이렇게 세상의 누이동생과 아우는 건강히 오늘 날마다를 싸움에서 보냅니다

영남이는 여태 잡니다 밤이 늦었어요

— 누이동생

— ≪조선지광≫ 1929년 2월호

저문 강에 삽을 씻고

정희성

흐르는 것이 물뿐이랴
우리가 저와 같아서
강변에 나가 삽을 씻으며
거기 슬픔도 퍼다 버린다
일이 끝나 저물어
스스로 깊어가는 강을 보며
쭈그려 앉아 담배나 피우고
나는 돌아갈 뿐이다
삽자루에 맡긴 한 생애가
이렇게 저물고, 저물어서
샛강바닥 썩은 물에 달이 뜨는구나
우리가 저와 같아서
흐르는 물에 삽을 씻고
먹을 것 없는 사람들의 마을로
다시 어두워 돌아가야 한다

— 『저문 강에 삽을 씻고』, 창작과 비평사, 1978.

| 테마 4 | 도시 • 문명의 시

물속의 사막

기형도

밤 세시, 길 밖으로 모두 흘러간다 나는 금지된다
장마비 빈 빌딩에 퍼붓는다
물위를 읽을 수 없는 문장들이 지나가고
나는 더 이상 인기척을 내지 않는다

유리창, 푸른 옥수숫잎 흘러내린다
무정한 옥수수나무……나는 천천히 발음해본다
석탄가루를 뒤집어쓴 흰 개는
그해 장마통에 집을 버렸다

비닐집, 비에 잠겼던 흙탕마다
잎들은 각오한 듯 무성했지만
의심이 많은 자의 침묵은 아무것도 통과하지 못한다
밤 도시의 환한 빌딩은 차디차다

장마비, 아버지 얼굴 떠내려 오신다
유리창에 잠시 붙어 입을 벌린다
나는 헛것을 살았다, 살아서 헛것이었다
우수수 아버지 지워진다, 빗줄기와 몸을 바꾼다
아버지, 비에 묻는다 내 단단한 각오들은 어디로 갔을까?

번들거리는 검은 유리창, 와이셔츠 흰빛은 터진다
미친 듯이 소리친다, 빌딩 속은 악몽조차 젖지 못한다
물들은 집을 버렸다! 내 눈 속에는 물들이 살지 않는다

— 『기형도 전집』, 문학과 지성사, 1999.

외인촌外人村

김광균

하이얀 모색暮色 속에 피어 있는
산협촌山峽村의 고독한 그림 속으로
파 — 란 역등驛燈을 달은 마차馬車가 한대 잠기어 가고
바다를 향한 산마룻길에
우두커니 서 있는 전신주 위엔
지나가던 구름이 하나 새빨간 노을에 젖어 있었다

바람에 불리우는 작은 집들이 창을 내리고
갈대밭에 묻히인 돌다리 아래선
작은 시내가 물방울을 굴리고
안개 자욱 — 한 화원지花園地의 벤치 위엔
한낮에 소녀들이 남기고 간
가벼운 웃음과 시들은 꽃다발이 흩어져 있다

외인묘지外人墓地의 어두운 수풀 뒤엔
밤새도록 가느란 별빛이 내리고

공백空白한 하늘에 걸려 있는 촌락村落의 시계가
여윈 손길을 저어 열시를 가리키면
날카로운 고탑古塔같이 언덕 위에 솟아 있는
퇴색褪色한 성교당聖敎堂의 지붕 위에선
분수噴水처럼 흩어지는 푸른 종소리

— 『김광균시 전집』, 심설당, 1990.

기상도氣象圖

김기림

1. 세계의 아침

비늘
돋힌
해협은
배암의 잔등
처럼 살아났고
아롱진 <아라비아>의 의상을 두른 젊은, 산맥들

바람은 바닷가에 <사라센>의 비단폭처럼 미끄러웁고
오만한 풍경은 바로 오전 7시의 절정에 가로 누웠다
헐떡이는 들 위에
늙은 향수를 뿌리는
교당의 녹슬은 종소리
송아지들은 들로 돌아 가려무나
아가씨는 바다에 밀려가는 윤선輪船을 오늘도 바래 보냈다

국경 가까운 정차장停車場
차장의 신호를 재촉하며
발을 굴르는 국제열차

차창마다
<잘 있거라>를 삼키고 느껴서 우는
마님들의 이지러진 얼굴들
여객기들은 대륙의 공중에서 티끌처럼 흩어졌다

본국에서오는 장거리 라디오의 효과를 실험하기 위하여
<쥬네브>로 여행하는 신사의 가족들
샴판 갑판 <안녕히 가세요> <다녀오리다>
선부들은 그들의 탄식을 기적에게 맡기고 자리로 돌아간다
부두에 달려 팔락이는 오색의 <테잎>
그 여자의 머리의 오색의 <리본>

전서구傳書鳩들은
선실의 지붕에서
수도로 향하여 떠났다
……<스마트라>의 동쪽……5킬로의 해상……일행一行 감기感氣도 없다
적도 가까웁다……20일 오전 열시……
…(하략)…

— 『기상도』, 산호장, 1948.

아파트인

신용목

천 년 뒤에 이곳은 성지가 될 것이다
아파트
이 장엄한 유적에 눕기 위해
고된 노동과
아픈 멸시를 견뎠노라고
어느 후손은 수위실 앞에서 안내판을 읽을 것이다
관광 책자에 찍혀 있을 나의
유골을 구겨쥐고
관리비 내러 갔던 관리소
종교인들이 층층이 잠들었다는 로마의 카타콤
성스럽게 북벽을 차지하고 걸린 사진처럼
하루는 아침 변기에 앉아
몇 미터 높이와 몇 미터 간격으로
차곡차곡 손을 늘어뜨리고 볼일을 보고 있을
아파트 주민들을 생각했다
박해의 축복처럼 뿌려지는 태양 가루
돌의 사막을 나서는 숫낙타의 갈라진 발톱과
마른 혓바닥을 닮은 여인의 얼굴
모래알을 씹는 아이들이 몸마다 칸칸이
멸망을 분양하고 사는 카타콤에 밤이 온다

구름과 구름 사이에 만찬이 차려지고
간곡함을 거룩함으로 옮겨놓는 시간의 낱장들이
창문마다 아름답게 내걸린다 이대로
한 시대가 끝난다면
나는 순교자가 될 것이다

— 『그 바람을 다 걸어야 한다』, 문학과지성사, 2004.

바람 부는 날이면 압구정동에 가야한다 1

— 어떤 배나무숲에 관한 기억

유 하

압구정동에 겨울-나무로부터 봄-나무에로라는 까페가 생겼다
온통 나무 나무로 인테리어한 나무랄 데 없는……
그 옆은 뭐, 매춘의 나영희가 경영한대나 시와 포르노의 만남 또는
충돌…… 몰래 학생주임과의 충돌을 피하며 펜트하우스를 팔고 다니던,
양아치란 별명을 가진 놈이 있었다 빨간 책과 등록금 영수증을
교환하던 녀석, 배나무숲 너머 산등성이 그애의 집을 바라볼 때마다
피식, 벌거벗은 금발 미녀의 꿀배 같은 유방 그 움푹 파인 배꼽 배……
배나무가 바람에 흔들리는 밤이면 옹골지게 익은 배가
후두둑 후두둑 녀석은 도둑고양이처럼 잽싸게 주워 담았다
배로 허기진 배를 채운 새벽, 녀석과 난 텅 빈 신사동 사거리에서
유령처럼 축구를…… 해골바가지…… 난 자식아, 여기 최후의 원주민이야
그럼 난…… 정복자? 안개 속 한남동으로 배추 리어카를 끌

고 가던
외팔의 그애 아버지…… 중학교 등록금…… 와르르 무너진 녀석의
펜트하우스, 바람부는 날이면 녀석 생각이 배맛처럼 떠올라 압구정동
그 넓은 배나무숲에 가야 했다 그의 십팔번 김인순의 여고 졸업반
휘파람이 흐드러진 곳에 재건대원 복장을 한 배시시 녀석의 모습
그 후로부터 후다닥 이전벽해梨田碧海된 지금까지 그를 볼 수 없었다 어디서
배꽃 가득한 또 다른 압구정동을 재건하고 있는지…… 바람부는 날이면
배맛처럼 떠오르는 그애 생각에 배나무숲 있던 자리 서성이면……
그 많던 배들은 누가 다 먹었을까 그 수많은 배들이…… 지금
이곳에 눌러앉은 사람들의 배로 한꺼번에 쏟아져들어가 배나무보다
단단한 배포가 되었을까…… 배의 색깔처럼…… 달콤한 불빛, 불빛
이 더부룩한…… 싸늘한 배앓이…… 바람부는 날이면……

— 『바람부는 날이면 압구정동에 가야한다』, 문학과 지성사, 1991.

그 날

이성복

그 날 아버지는 일곱 시 기차를 타고 금촌으로 떠났고
여동생은 아홉 시에 학교로 갔다 그 날 어머니의 낡은
다리는 퉁퉁 부어올랐고 나는 신문사로 가서 하루 종일
노닥거렸다 전방은 무사했고 세상은 완벽했다 없는 것이
없었다 그 날 역전에는 대낮부터 창녀들이 서성거렸고
몇 년 후에 창녀가 될 애들은 집일을 도우거나 어린
동생을 돌보았다 그 날 아버지는 미수금 회수 관계로
사장과 다투었고 여동생은 애인과 함께 음악회에 갔다
그 날 퇴근길에 나는 부츠 신은 멋진 여자를 보았고
사람이 사람을 사랑하면 죽일 수도 있을 거라고 생각했다
그 날 태연한 나무들 위로 날아오르는 것은 다 새가
아니었다 나는 보았다 잔디밭 잡초 뽑는 여인들이 자기
삶까지 솎아내는 것을, 집 허무는 사내들이 자기 하늘까지
무너뜨리는 것을 나는 보았다 새 점치는 노인과 변통便桶의
다정함을 그 날 몇 건의 교통사고로 몇 사람이
죽었고 그 날 시내 술집과 여관은 여전히 붐볐지만
아무도 그 날의 신음 소리를 듣지 못했다
모두 병들었는데 아무도 아프지 않았다

–『뒹구는 돌은 언제 잠 깨는가』, 문학과지성사, 1980.

자동차

장정일

S#1.

*F. I.

카메라가 높은 하늘에서 점점 내려오며 고속도로 위를 질주하고 있는 오픈카를 클로즈 업 시킨다. 운전자는 젊고 잘생긴 청년으로, 즐거운 듯 경쾌한 휘파람을 불고 있다. 카메라가 그의 상반신을 비추다가 뒤로 빠진다. (D · I · S)

S#2.

역시 높은 공중에서 잡힌 고속도로. 카메라 점점 내려오면서 질주하는 고속버스 한 대를 잡는다. 플래쉬 백 되면서, 카메라는 좌석에 앉은 한 여자 승객 앞에 고정된다. 맑고 깨끗한 용모의 아가씨 그녀가 손목시계를 본다. 1시 35분이다. (D · I · S)

S#3.

질주하는 오픈카를 정면에서 포착한다. 청년이 시계를 본다. 1시 45분이다. 청년은 급한 듯, 엑셀레이터를 밟는다. 카메라는 상승하는 속도계를 클로즈업한다. 오픈카는 앞서 달리던 차들을 추월한다. 청년은 카스테레오에 테잎을 꽂는다.

E.

클래식 기타 음악.

S#4.

이때, 차선을 넘어 들어오는 맞은편 트럭. 청년은 급히 핸들을 꺾는다. 낭떠러지 밑으로 곤두박질치는 오픈 카. 귀청을 찢는 듯한 금속성 소음이 길게 에코되면서, 포토 컷.

C#1. 굴러 떨어지는 오픈카 (흑백사진)
C#2. 화염에 쌓인 오픈 카 (흑백사진)
C#3. 피를 흘리는 청년의 이마 (흑백사진)
C#4. 허공을 향한 자동차 바퀴 (흑백사진)
C#5. 깨어진 유리창 (흑백사진)

S#5.

손목시계를 바라보며 황급히 다방문을 열고 들어오는 아가씨. 카메라는 다방벽에 걸린 벽시계를 클로즈업한다. 2시 5분이다. 여자는 다방을 천천히 살피다가 의자에 앉는다. 여자는 자주 시계를 쳐다본다. 여자는 지루한 듯 담배를 피워 문다. 연기가 공중으로 퍼진다. (O · L)

S#6.

연기가 걷히면 거기에 머리숱이 타고, 얼굴에 상처를 입은 청년이 서 있다. 여자는 반갑게 그를 맞이한다.

남자 : 내가 늦었지, 미안해.
여자 : 아녜요, 그런데 웬 상처예요. 옷도 찢어지고……
남자 : 응, 교통사고가 났댔어. 그만 낭떠러지로 떨어져 버렸지.
여자 : 그런데 어떻게?
남자 : 어떻게라니? 난, 죽어 버리고 말았어!

여자 : 죽었다구요!

남자 : 그래, 지금 당신 앞에 있는 나는……귀신이야.

여자 : 귀신이라도 나는 당신을 사랑할 수 있어요.

남자 : 미안해, 난, 이제, 저자를 따라가야 해. (남자는 다방 문에 우뚝 서 있는 검은 신사를 가리킨다)

눈물이 남자의 얼굴을 온통 적실 때, 눈물이 적셔진 부분부터 차츰 남자의 얼굴이 지워져 가고 여자 홀로 남아 운다. (F・O)

S#7.

*F. I.

카메라가 고속도로를 질주하는 자동차를 비춘다. 잠시 후, 스톱 모션되면서 포토 컷.

C#1. 자동차와 자동차의 충돌사진 (흑백사진)

C#2. 굴러떨어지는 오픈카(S#4의 C#1)

C#3. 거적에 쌓인 도로가의 시체 (칼라사진)

C#4. 콘바인 위에 줄지어 선 자동차 공장의 자동차 (흑백사진)

C#5. 허공을 향한 자동차 바퀴 (S#4의 C#4)

C#6. 러시아워 때 자동차로 길이 막힌 도심의 네거리 (칼라사진)

C#7. S#5 중에서 남자를 기다리던 여주인공의 모습 중에서 하나 (흑백사진)

— 『길안에서의 택시잡기』, 민음사, 1988.

카페 프란스

정지용

옮겨다 심은 종려나무 밑에
빗두루 쓴 장명등,
카페 프란스에 가자.

이놈은 루바쉬카
또 한 놈은 보헤미안 넥타이
뻣적 마른 놈이 앞장을 섰다.

밤비는 뱀눈처럼 가는데
페이브먼트에 흐늙이는 불빛
카페 프란스에 가자.

이놈의 머리는 빗두른 능금
또 한 놈의 심장은 벌레 먹은 장미
제비처럼 젖은 놈이 뛰어 간다.

『오오 패롵鸚鵡 서방! 굳 이브닝!』

『굳 이브닝!』(이 친구 어떠하시오?)
울금향鬱金香 아가씨는 이 밤에도

경사更紗 커—튼 밑에서 조시는구려!

나는 자작子爵의 아들도 아무것도 아니란다.
남달리 손이 희어서 슬프구나!
나는 나라도 집도 없단다
대리석 테이블에 닿는 내 뺨이 슬프구나!

오오, 이국종異國種강아지야
내 발을 빨아다오
내 발을 빨아다오

— 『정지용 전집 1 시』, 민음사, 1988.

서울의 예수

정호승

1

예수가 낚싯대를 드리우고 한강에 앉아 있다. 강변에 모닥불을 피워놓고 예수가 젖은 옷을 말리고 있다. 들풀들이 날마다 인간의 칼에 찔려 쓰러지고 풀의 꽃과 같은 인간의 꽃 한 송이 피었다 지는데, 인간이 아름다워지는 것을 보기 위하여, 예수가 겨울비에 젖으며 서대문 구치소 담벼락에 기대어 울고 있다.

2

술 취한 저녁, 지평선 너머로 예수의 긴 그림자가 넘어간다. 인생의 찬밥 한 그릇 얻어먹은 예수의 등 뒤로 재빨리 초승달 하나 떠오른다. 고통 속에 넘치는 평화, 눈물 속에 그리운 자유는 있었을까. 서울의 빵과 사랑과, 서울의 빵과 눈물을 생각하며 예수가 홀로 담배를 피운다. 사람의 이슬로 사라지는 사람을 보며, 사람들이 모래를 씹으며 잠드는 밤. 낙엽들은 떠나기 위하여 서울에 잠시 머물고, 예수는 절망의 끝으로 걸어간다.

3

목이 마르다. 서울이 잠들기 전에 인간의 꿈이 먼저 잠들어 목이 마르다. 등불을 들고 걷는 자는 어디 있느냐. 서울의 들길은 보이지 않고, 밤마다 잿더미에 주저앉아서 겉옷만 찢으며 우는 자여, 총소리가 들리고 눈이 내리더니, 사랑과 믿음의 깊이 사이로 첫눈이 내리더니, 서울에서 잡힌 돌 하나, 그 어디 던질 데가 없도다. 그리운 사람 다시 그리운 그대들은 나와 함께 술잔을 들라. 눈 내리는 서울의 밤하늘 어디에도 내 잠시 머리 둘 곳이 없나니, 그대들은 나와 함께 술잔을 들라. 술잔을 들고 어둠 속으로 이 세상 칼끝을 피해 가다가, 가슴으로 칼끝에 쓰러진 그대들은 눈 그친 서울 밤의 눈길을 걸어가라. 아직 악인의 등불은 꺼지지 않고, 서울의 새벽에 귀를 기울이는 고요한 인간의 귀는 풀잎에 젖어, 목이 마르다. 인간이 잠들기 전에 서울의 꿈이 먼저 잠이 들어 아, 목이 마르다.

4

사람의 잔을 마시고 싶다. 추억이 아름다운 사람을 만나, 소주잔을 나누며 눈물의 빈대떡을 나눠 먹고 싶다. 꽃잎 하나 칼처럼 떨어지는 봄날에 풀잎을 스치는 사람의 옷자락 소리를 들으며, 마음의 나라보다 사람의 나라에 살고 싶다. 새벽마다 사람의 등불이 꺼지지 않도록 서울의 등잔에 홀로 불을 켜고 가난한 사람의 창에 기대어 서울의 그리움을 그리워하고 싶다.

5

나를 섬기는 자는 슬프고, 나를 슬퍼하는 자는 슬프다. 나를 위하여 기뻐하는 자는 슬프고, 나를 위하여 슬퍼하는 자는 더욱 슬프다. 나는 내 이웃을 위하여 괴로워하지 않았고, 가난한 자의 별들을 바라보지 않았나니, 내 이름을 간절히 부르는 자들은 불행하고, 내 이름을 간절히 사랑하는 자들은 더욱 불행하다.

—『서울의 예수』, 민음사. 1982.

자동판매기

최승호

오렌지 쥬스를 마신다는 게
커피가 쏟아지는 버튼을 눌러 버렸다
습관의 무서움이다

무서운 습관이 나를 끌고 다닌다
최면술사 같은 습관이
몽유병자 같은 나를
습관 또 습관의 안개나라로 끌고 다닌다

정신 좀 차려야지
고정관념으로 굳어 가는 머리의
자욱한 안개를 걷으며
자, 차린다, 이제 나는 뜻밖의 커피를 마시며

돈만 넣으면 눈에 불을 켜고 작동하는
자동판매기를
매춘부賣春婦라 불러도 되겠다
황금黃金교회라 불러도 되겠다
이 자동판매기의 돈을 긁는 포주는 누구일까 만약
그대가 돈의 권능權能을 이미 알고 있다면

그대는 돈만 넣으면 된다
그러면 매음賣淫의 자동판매기가
한 컵의 사카린 같은 쾌락을 주고
십자가十字架를 세운 자동판매기는
신神의 오렌지 쥬스를 줄 것인가

— 『고슴도치의 마을』, 문학과 지성사, 1985.

56억 7천만 년의 고독

함성호

21세기는 우리를, 마약과 동성애와 근친상간과 싸운
바보스러운 세대라고 기록할 것이다
성聖과 속俗과 천국과 지옥의 잠속에서
나는 그대를 추모하지 않는다
당신은 꽃과 비의 정원에서
무엇인가에 불리어가는 듯한 썰물의 흉한 가슴
더 이상 볼 수 없었지만
모든 죽음들에게, 입에서 항문까지
비로소 내장된 세상이 환하게 보인다
기껏 보살펴주었더니 몸이 나를 배반한다
바람에 담쟁이덩굴이 온 집을 흔들어놓고
당신은 안개꽃을 먹으세요
나는 장미꽃을 다 먹어치우지요
사람들은 지하철에서 내일 신문에 코를 박고
방금 자신들이 떠나온 세상의 풍경들을 읽어내며
간단없을 생을 수군거립니다
권태롭듯이 아버지가 실내 낚시터에서 돌아오지 않고
형은 노래방에서 하루종일 살았습니다
적막강산寂寞江山—, 오늘은 비가 징벌의 연대기처럼 내려
만화방창萬化方暢의 정원에서 식구들은

내 머리에 자라 있는 무성한 숲을 보고 놀라
시퍼런 낫을 들고 쳤지마는요 나는 늘 시원했습니다
나도 뜨겁거나 차지 않은 것들은 모두
내 입 밖으로 뱉어버리겠습니다
당신의 그 지루한 기다림만큼
아무 것도 제시할 수 없는 이 위증의 세계에서
나도 그댈 겁나게 기다립니다
당신은 오래 꽃과 비의 정원에서 서 계세요
나는 넘치는 술잔을 들고 삼독번뇌의 바람을 기다리지요

—『56억 7천만년의 고독』, 문학과 지성사, 1992.

| 테마 5 | 민주·혁명의 시

화살

고 은

우리 모두 화살이 되어
온몸으로 가자
허공 뚫고
온몸으로 가자
가서는 돌아오지 말자
박혀서
박힌 아픔과 함께 썩어서 돌아오지 말자

우리 모두 숨 끊고 활시위를 떠나자
몇 십 년 동안 가진 것
몇 십 년 동안 누린 것
몇 십 년 동안 쌓은 것
행복이라던가
뭣이라던가
그런 것 다 넝마로 버리고
화살이 되어 온몸으로 가자

허공이 소리친다
허공 뚫고
온몸으로 가자

저 캄캄한 대낮 과녁이 달려온다
이윽고 과녁이 피 뿜으며 쓰러질 때
단 한번
우리 모두 화살로 피를 흘리자

돌아오지 말자
돌아오지 말자

오 화살 정의의 병사여 영령이여

— 『새벽길』, 창작과 비평사, 1988.

사평역沙平驛에서

곽재구

막차는 좀처럼 오지 않았다
대합실 밖에는 밤새 송이눈이 쌓이고
흰 보라 수수꽃 눈시린 유리창마다
톱밥난로가 지펴지고 있었다
그믐처럼 몇은 졸고
몇은 감기에 쿨럭이고
그리웠던 순간들을 생각하며 나는
한줌의 톱밥을 불빛 속에 던져주었다
내면 깊숙이 할 말들은 가득해도
청색의 손바닥을 불빛 속에 적셔두고
모두들 아무 말도 하지 않았다
산다는 것이 때론 술에 취한 듯
한 두름의 굴비 한 광주리의 사과를
만지작거리며 귀향하는 기분으로
침묵해야 한다는 것을
모두들 알고 있었다
오래 앓은 기침소리와
쓴 약 같은 입술담배 연기 속에서
싸륵싸륵 눈꽃은 쌓이고
그래 지금은 모두들

눈꽃의 화음에 귀를 적신다
자정 넘으면
낯설음도 뼈아픔도 다 설원인데
단풍잎 같은 몇 잎의 차창을 달고
밤열차는 또 어디로 흘러가는지
그리웠던 순간들을 호명하며 나는
한줌의 눈물을 불빛 속에 던져주었다.

— 『사평역에서』, 창작과 비평사, 1993.

학살 1

김남주

몸매가 작아 내 누이 같고
허리가 길어 내 여인 같은 나라여
누구의 하늘도 침노한 적이 없고
누구의 영토도 넘본 적이 없는
비둘기와 황소의 나라 내 조국이여
누가 너를 남과 북으로 갈라놓았느냐
누가 네 마을과 네 도시를 아비규환의 아수라로 만들어놓았느냐
누가 허리 꺾인 네 상처에 꽃잎 대신 철가시바늘을 꽂아놓았느냐
판문점에서 너를 대표한 자 누구이며
도마 위에 너를 올려놓고 초 치고 장 치고 포 치고 차 치고,
내 조국의 운명을 요리하는 자 누구냐
입으로는 자유와 평화를 사랑하고
뒷전에서는 원격조종의 끄나풀로 꼭두각시를 앞장세워
제 조국의 해방과 독립을 위해 싸우는 민중들을
계획적으로 학살하는 아메리카여
보아다오, 너희들과 너희들 똘마니들이 저질러놓은 범죄를
음모와 착취로 뒤덮인 이 땅을
보아다오, 너희들이 팔아먹은 탄환으로

벌집투성이가 된 내 조국의 심장을
보아다오, 살해된 처녀의 피 묻은 머리카락을
보아다오, 대검에 찔린 아이 밴 어머니의 배를
보아다오, 학살된 아이들의 맑은 눈동자를.

— 『사랑의 무기』, 창작과 비평사, 1989.

푸른 하늘을

김수영

푸른 하늘을 제압하는
노고지리가 자유로웠다고
부러워하던
어느 시인의 말은 수정되어야 한다

자유를 위해서
비상하여본 일이 있는
사람이면 알지
노고지리가
무엇을 보고
노래하는가를
어째서 자유에는
피의 냄새가 섞여있는가를
혁명은
왜 고독한 것인가를

혁명은
왜 고독해야 하는 것인가를

— 『김수영전집 1 시』, 민음사, 1981.

오적五賊

김지하

시詩를 쓰되 좀스럽게 쓰지 말고 똑 이렇게 쓰랐다.
내 어쩌다 붓끝이 험한 죄로 칠전에 끌려가
볼기를 맞은 지도 하도 오래라 삭신이 근질근질
방정맞은 조동아리 손목댕이 오물오물 수물수물
뭐든 자꾸 쓰고 싶어 견딜 수가 없으니, 에라 모르겄다
볼기가 확확 불이 나게 맞을 때는 맞더라도
내 별별 이상한 도둑이야길 하나 쓰겄다.
옛날도 먼옛날 상달 초사흗날 백두산아래 나라선 뒷날
배꼽으로 보고 똥구멍으로 듣던 중엔 으뜸
아동방我東方이 바야흐로 단군 이래 으뜸
으뜸가는 태평 태평 태평성대라
그 무슨 가난이 있겠느냐 도둑이 있겠느냐
포식한 농민은 배 터져 죽는 게 일쑤요
비단옷 신물 나서 사시장철 벗고 사니
고재봉 제 비록 도둑이라곤 하나
공자님 당년에도 도척이 났고
부정부패 가렴주구 처처에 그득하나
요순시절에도 사흉은 있었으니
아마도 현군양상賢君良相인들 세살버릇 도벽盜癖이야
여든까지 차마 어찌할 수 있겠느냐

서울이라 장안 한복판에 다섯 도둑이 모여 살았겄다.
남녘은 똥 덩어리 둥둥
구정물 한강가에 동빙고동 우뚝
북녘은 털 빠진 닭똥구멍 민둥
벗은 산 만장아래 성북동 수유동 뾰쪽
남북 간에 오종종종 판잣집 다닥다닥
게딱지 다닥 코딱지 다닥 그 위에 불쑥
장충동 약수동 솟을대문 제멋대로 와장창
저 솟고 싶은 대로 솟구쳐 올라 삐까번쩍
으리으리 꽃 궁궐에 밤낮으로 풍악이 질펀 떡치는 소리 쿵떡
예가 바로 재벌, 국회의원, 고급공무원,
장성, 장차관이라 이름 하는,
간뎅이 부어 남산만하고 목질기기 동탁배꼽 같은
천하흉포 오적五賊의 소굴이렷다.
사람마다 뱃속에 오장육보로 되었으되
이놈의 배안에는 큰 황소불알만한 도둑보가 곁들어 오장칠보,
본시 한 왕초에게 도둑질을 배웠으나 재조는 각각이라
밤낮없이 도둑질만 일삼으니 그 재조가 또한 신기神技에 이르렀것다.
…(하략)…

— 『김지하 전집 3 오적』, 솔, 1993.

우리들의 깃발을 내린 것이 아니다

박두진

우리는 아직도
우리들의 깃발을 내린 것이 아니다
그 붉은 선혈로 나부끼는
우리들의 깃발을 내릴 수가 없다.

우리는 아직도
우리들의 절규를 멈춘 것이 아니다.
그렇다. 그 피불로 외쳐 뿜는
우리들의 피외침을 멈출 수가 없다.

불길이여! 우리들의 대열이여!
그 피에 젖은 주검을 밟고 넘는
불의 노도怒濤, 불의 태풍颱風, 혁명에의 전진이여!
우리들 아직도
스스로는 못 막는
우리들의 피 대열을 흩을 자가 없다.
혁명에의 전진을 멈출 수가 없다.

민족, 내가 사는 조국이여.
우리들의 젊음들.

불이여! 피여!
그 오오래 우리에게 썩어 내린
악으로 불순으로 죄악으로 숨어 내린
그 순수한
우리들의 핏줄 속의 썩은 것을 씻쳐 내는,
그 순수한
우리들의 핏줄 속에 맑은 것을 솟쳐내는,
아, 피를 피로 씻고,
불을 불로 살워,
젊음이여! 정淨한 피여! 새 세대여!

너희들 이미 일어선 게 아니냐?
분노한 게 아니냐?
내달린 게 아니냐?
절규한 게 아니냐?
피흘린 게 아니냐?
죽어간 게 아니냐?

아, 그 뿌리어진
임리淋漓한 붉은 피는 곱디고운 피꽃잎,
피꽃은 강을 이뤄,
강물이 갈앉으면 하늘 푸르름.
혼령들은 강산 위에 햇볕살로 따스워,

아름다운 강산에 아름다운 나라를,
아름다운 나라에 아름다운 겨레를,

아름다운 겨레에 아름다운 삶을
위해,
우리들이 이루려는 민주공화국.
절대공화국.

철저한 민주정체.
철저한 사상의 자유,
철저한 경제균등,
철저한 인권평등의,

우리들의 목표는 조국의 승리,
우리들의 목표는
정의, 인도, 자유, 평등, 인간애의 승리인,
인민들의 승리인,
우리들의 혁명을 전취할 때까지,

우리는 아직
우리들의 피 깃발을 내릴 수가 없다.
우리들의 피 외침을 멈출 수가 없다.
우리들의 피 불길,
우리들의 전진을 멈출 수가 없다.

혁명이여!

— 『가을절벽』, 미래사, 1991.

금강

신동엽

1
우리들의 어렸을 적
황토 벗은 고개 마을
할머니 등에 업혀
누님과 난, 곧잘
파랑새 노랠 배웠다.

울타리마다 담쟁이넌출 익어가고
밭머리에 수수모감 보일 때면
어디서라 없이 새 보는 소리가 들린다.

우이여! 훠어이!

쇠방울 소리 뿌리면서
순사의 자전거가 아득한 길을 사라지고
그럴 때면 우리들은 흙토방 아래
가슴 두근거리며
노래 배워주던 그 양품장수 할머닐 기다렸다.

새야 새야 파랑새야

녹두밭에 앉지 마라
녹두꽃 떨어지면
청포장수 울고 간다.

잘은 몰랐지만 그 무렵
그 노랜 침장이에게 잡혀가는
노래라 했다.

지금, 이름은 달라졌지만
정오가 되면 그 하늘 아래도 오포가 울리었다.

일 많이 한 사람 밥 많이 먹고
일하지 않은 사람 밥 먹지 마라
오우우……하고.

질앗티
콩이삭 벼이삭 줍다 보면 하늘을
비행기 편대가 날아가고
그때마다 엄마는 그늘진 얼굴로
내 손 꼭 쥐며
밭두덕길 재촉했지.

내가 지금부터 이야기하려는
그 가슴 두근거리는 큰 역사를
몸으로 겪은 사람들이 그땐

그 오포 부는 하늘 아래 더러 살고 있었단다.

앞마을 뒷동산 해만 뜨면
철없는 강아지처럼 뛰어다니는 기억 속에
그래서 그분들은 이따금
이야기의 씨를 심어주고 싶었던 것이리라.

그 이야기의 씨들은
떡잎이 솟고 가지가 갈라져
어느 가을 무성하게 꽃피리라.

그 일을 그분들은 예감했던 걸까.
그래서 눈보라치는 동짓달
콩강개 묻힌 아랫목에서
숨막히는 삼복 순이엄마 목매었던
그 정자나무 근처에서 부채로 매밋소리
날리며 조심조심 이야기했던 걸까.

배꼽 내놓고
아랫배 긁는
그 코흘리개 꼬마들에게.

2
우리들은 하늘을 봤다
1960년 4월

역사를 짓눌던, 검은 구름장 찢고
영원의 하늘을 보았다.

잠깐 빛났던,
당신의 얼굴은
우리들의 깊은
가슴이었다.

하늘 물 한 아름 떠다,
1919년 우리는
우리 얼굴 닦아놓았다.

1894년쯤엔,
돌에도 나무등걸에도
당신의 얼굴은 전체가 하늘이었다

하늘,
잠깐 빛났던 당신은 금새 가리워졌지만
꽃들은 해마다
강산을 메웠다.
태양과 추수와 연애와 노동.

동해,
원색의 머래밭
사기 굽던 천축天竺 뒷길

방학이면 등산모 쓰고
절름거리며 찾아나섰다

없었다
바깥세상엔. 접시도 살점도
바깥세상엔
없었다

잠깐 빛났던
당신의 얼굴은
영원의 하늘.
끝나지 않는
우리들의 깊은
가슴이었다

…(하략)…

— 『신동엽 전집』, 창작과 비평사, 1975.

겨울 공화국

양성우

여보게 우리들의 논과 밭이 눈을 뜨면서
뜨겁게 뜨겁게 숨쉬는 것을 보았는가
여보게 우리들의 논과 밭이 가라앉으며
누군가의 이름을 부르는 것을 부르면서
불끈 불끈 주먹을 쥐고
으드득 으드득 이빨을 갈고 헛웃음을
껄껄껄 웃어대거나 웃다가 새하얗게
까무라쳐서 누군가의 발밑에 까무라쳐서
한꺼번에 한꺼번에 죽어가는 것을
보았는가

총과 칼로 사납게 윽박지르고
논과 밭에 자라나는 우리들의 뜻을
군화발로 지근지근 짓밟아대고
밟아대며 조상들을 비웃어 대는
지금은 겨울인가
한밤중인가
논과 밭이 얼어붙는 겨울 한때를 여보게 우리들은 우리들을
무엇으로 달래야 하는가

삼천리는 여전히 살기 좋은가
삼천리는 여전히 비단 같은가
거짓말이다 거짓말이다
날마다 우리들은 모른 체하고
다소곳이 거짓말에 귀 기울이며
뼈 가르는 채찍질을 견뎌내야 하는
노예다 머슴이다 허수아비다

부끄러워라 부끄러워라 부끄러워라
부끄러워라 잠든 아기의 베개 맡에서
결코 우리는 부끄러울 뿐
한 마디도 떳떳하게 말할 수 없네
물려 줄 것은 부끄러움 뿐
잠든 아기의 베개 맡에서
우리들은 또 무엇을 변명해야
하는가

서로를 날카롭게 노려만 보고
한마디도 깊은 말을 나누지 않고
번쩍이는 칼날을 감추어 두고
언 땅을 조심 조심 스쳐가는구나
어디선가 일어서라 고함질러도
배고프기 때문에 비틀거리는
어지럽지만 머무를 곳이 없는
우리들은 또 어디로 가야 하는가

우리들을 모질게 재갈 물려서
짓이기며 짓이기며 내리 모는 자는
누구인가 여보게 그 누구인가
등덜미에 찍혀 있는 우리들의 흉터,
채찍 맞은 우리들의 슬픈 흉터를
바람아 동지 섣달 모진 바람아
네 쌉쓸한 칼끝으로도 지울 수
없다

돌아가야 할 것은 돌아가야 하네
담벼락에 붙어 있는 농담거리도
바보같은 라디오도 신문 잡지도
저녁이면 멍청하게 장단 맞추는
TV도 지금쯤은 정직해져서
한반도의 책상 끝에 놓여져야 하네
비겁한 것들은 사라져 가고
더러운 것들도 사라져 가고
마당에도 골목에도 산과 들에도
사랑하는 것들만 가득히 서서
가슴으로만 가슴으로만 이야기 하고
여보게 화약냄새 풍기는 겨울 벌판에
잡초라도 한줌씩 돋아나야 할 걸세
이럴 때는 모두들 눈물을 닦고
한강도 무등산도 말하게 하고
산새들도 한번쯤 말하게 하고

여보게
우리들이 만일 게으르기 때문에
우리들의 낙인을 지우지 못한다면
차라리 과녁으로 나란히 서서
사나운 자의 총끝에 쓰러지거나
쓰러지며 쓰러지며 부르짖어야 할 걸세
사랑하는 모국어로 부르짖으며
진달래 진달래 진달래들이 언 땅에도
싱싱하게 피어나게 하고
논둑에도 밭둑에도 피어나게 하고
여보게
우리들이 슬픈 겨울을
몇 번이고 몇 번이고 일컫게 하고,
묶인 팔다리로 봄을 기다리며
한사코 온 몸을 버둥거려야
하지 않은가
여보게

— 『겨울 공화국』, 실천문학사, 1977.

사월에서 오월로

하종오

봄의 번성을 위해 싹틔운 너는
나에게 개화하는 일을 물려주었다.
아는 사람은 안다.
이 세상 떠도는 마음들이
한 마리 나비되어 앉을 곳 찾는데
인적만 남은 텅빈 한길에서 내가
왜 부르르 부르르 낙화하여 몸 떨었는가
남도에서 꽃샘바람에 흔들리던 잎새에
보이지 않는 신음소리가 날 때마다
피같이 새붉은 꽃송이가 벙글어
우리는 인간의 크고 곧은 목소리를 들었다
갖가지 꽃들 함께 꽃가루 나눠 살려고
향기 내어 나비떼 부르기도 했지만
너와 나는 씨앗을 맺지 못했다.
이 봄을 아는 사람은 이 암유도 안다
여름의 눈부신 녹음을 위해
우리는 못다 핀 꽃술로 남아 있다.

— 『사월에서 오월로』, 창작과 비평사, 1994.

의혹을 향하여

황지우

스리지 뽑으러 창제 인쇄소엘 가면 시인 조태일씨가 있다. 죠우 테일이요 좇태일이?(통금 위반으로 나는 그와 종로경찰서에서 우연히 만났었다) 그는 국문의 역행동화와 모음축약 현상으로 자기 이름이 가끔 좇털이 된다고 너털웃음을 웃는다(확실히 우리말 사이시옷에는 끊고 싶은 푸른 칼날이 들어 있다). 한 때 그는 양푼에 소주를 부어 밥 말아 마셨다고 한다. (나는 질린다) 그는 씨름꾼같이 생겼다. 술에 취하면 자주 그는 신길동 집 옥상에 밤늦게 올라 별에게 삿대질을 하며(방점은 내가 찍는다) 고성 방가하였다. 그랬더니(그가 나쁘다) 그의 이웃들이 반상회에서 그를 신고했다는데, 아무튼 그는 시를 쓰지 않는다. 그가 시를 쓰지 못한다는 것과 이 고성 방가가 어떤 관계를 갖는다고는 나는 생각지 않는다. 시인은 늙지 않으려면 빨리 죽어야 한다.

나는 창제 인쇄소 주조실에 있는, 머리털이 희끗한 말없는 김씨 할아버지가 좋다. 그분은 고분고분, 떨어져나간 활자를 만든다. 불에 납이 녹는다. 타는 기름 냄새. (나는 그때 노예의 살갗에 불붙는 문신을 보는 것 같았다) 오늘 김씨 할아버지는 물음표를 한 상자나 만들어놓으셨다. 이게 몇 자쯤 되느냐고 물어도 그는 기계 소리 때문에 말을 듣지 못한다.

????????????

????????????

????????????

????????????

(이것을 거울에 비추어볼 것)

왜 그랬을까. 왜 그것이 낚시같이 보였을까. 왜 나는 그것을 시라고 생각했을까. 거꾸로 숙이고 있다가 문득 우리의 확신과 의혹을 낚아채는, 우리의 아가미를 여지없이 낚아채는, 그 이유를 나는 말 못한다.

—『새들도 세상을 뜨는구나』, 문학과 지성사, 1993.

| 테마 6 | 분단 • 전쟁 • 통일의 시

초토의 시 1 |구 상

조국은 하나다 |김남주

국군은 죽어서 말한다 |모윤숙

꿈을 비는 마음 |문익환

휴전선 |박봉우

목마와 숙녀 |박인환

봄, 파르티잔 |서정춘

진달래 산천 |신동엽

너 어느 곳에 있느냐 |임 화

벼는 벼끼리 피는 피끼리 |하종오

초토의 시 1

구 상

하꼬방 유리딱지에 애새끼들
얼굴이 불타는 해바라기마냥 걸려 있다.

내려 쪼이던 햇발이 눈부시어 돌아선다.
나도 돌아 선다.

울상이 된 그림자 나의 뒤를 따른다.
어느 접어든 골목에서 걸음을 멈춰라.

잿더미가 소복한 울타리에
개나리가 망울졌다.

저기 언덕을 내려 달리는
체니小女의 미소엔 앞니가 빠져
죄 하나도 없다.

나는 술 취한 듯 흥그러워진다.
그림자 웃으며 앞장을 선다.

—『초토의 시』, 청구출판사, 1956.

조국은 하나다

김남주

"조국은 하나다"
이것이 나의 슬로건이다
꿈속에서가 아니라 이제는 생시에
남 모르게가 아니라 이제는 공공연하게
"조국은 하나다"
권력의 눈앞에서
양키 점령군의 총구 앞에서
자본가 개들의 이빨 앞에서
"조국은 하나다"
이것이 나의 슬로건이다

나는 이제 쓰리라
사람들이 오가는 모든 길 위에
조국은 하나다라고
오르막길 위에도 내리막길 위에도 쓰리라
사나운 파도의 뱃길 위에도 쓰고
바위로 험한 산길 위에도 쓰리라
밤길 위에도 쓰고 새벽길 위에도 쓰고
끊어진 남과 북의 철길 위에도 쓰리라
조국은 하나다라고

나는 이제 쓰리라
인간의 눈이 닿는 모든 사물 위에
조국은 하나다라고
눈을 뜨면 아침에 맨 처음 보게 되는 천정 위에 쓰리라
만인의 입으로 들어오는 밥 위에 쓰리라
쌀밥 위에도 보리밥 위에도 쓰리라

나는 또한 쓰리라
인간이 쓰는 모든 말 위에
조국은 하나다라고
탄생의 말 응아 위에 쓰리라 갓난아기가
어머니로부터 배우는 최초의 말 위에 쓰리라
저주의 말 위선의 말 공갈협박의 말……
신과 부자들의 말 위에도 쓰리라
악마가 남긴 최후의 유언장 위에도 쓰리라
조국은 하나다라고

나는 또한 쓰리라
인간이 세워놓은 모든 벽 위에
조국은 하나다라고
남인지 북인지 분간 못하는 바보의 벽 위에
남도 아니고 북도 아니고
좌충우돌하다가 내빼는 망명의 벽 위에
자기기만이고 자기 환상일 뿐
있지도 않는 제3의 벽 위에

체념의 벽 의문의 벽 거부의 벽 위에 쓰리라
조국은 하나다라고
순라들이 순라를 돌고
도둑이 넘다 떨어져 죽은 부자들의 담 위에도 쓰리라
실바람만 불어도 넘어지는 가난의 벽 위에도 쓰리라
가난의 벽과 부의 벽 사이를 왔다갔다 하면서
갈보질도 좀 하고 뚜쟁이질도 좀 하고
그래 돈도 좀 벌고 그래 이름 좀 팔리는 중도좌파의 벽 위에도 쓰리라
조국은 하나다라고

나는 또한 쓰리라
노동과 투쟁의 손이 미치는 모든 연장 위에
조국은 하나다라고
목을 베기에 안성마춤인 ㄱ자형의 낫 위에 쓰리라
등을 찍어내리기에 안성마춤인 곡괭이 위에 쓰리라
배를 쑤시기에 안성맞춤인 죽창 위에 쓰리라
마빡을 까기에 안성맞춤인 도끼 위에 쓰리라
아메리카 카우보이와 자본가의 국경인 삼팔선 위에도 쓰리라
조국은 하나다라고

대문짝만하게 손바닥만한 종이 위에도 쓰리라
조국은 하나다라고
오색종이 위에도 쓰리라 축복처럼
만인의 머리 위에 내리는 눈송이 위에도 쓰리라

조국은 하나다라고
바다에 가서도 쓰리라 모래위에
파도가 와서 지워버리면 나는
산에 가서 쓰리라 바위 위에
세월이 와서 긁어버리면 나는
수를 놓으리라 가슴에 내 가슴에
아무리 사나운 자연의 폭력도
아무리 사나운 인간의 폭력도
지워버릴 수 없게 긁어버릴 수 없게
가슴에 내 가슴에 수를 놓으리라
누이의 붉은 마음의 실로
조국은 하나다라고

그리고 나는 내걸리라 마침내
지상에 깃대를 세워 하늘에 내걸리라
나의 슬로건 "조국은 하나다"를
키가 장대 같다는 양키들의 손가락 끝도
언제고 끝내는 부자들의 편이었다는 신의 입김도
감히 범접을 못하는 하늘 높이에
최후의 깃발처럼 내걸리라
자유를 사랑하고 민족의 해방을 꿈꾸는
식민지 모든 인민이 우러러볼 수 있도록
겨레의 슬로건 "조국은 하나다"를!

— 『사랑의 무기』, 창작과 비평사, 1989.

국군은 죽어서 말한다

모윤숙

나는 광주 산곡에 헤매다가 문득
혼자 죽어 넘어진 국군을 만났다.

산 옆 외따른 골짜기에
혼자 누워있는 국군을 본다
아무 말 아무 움직임 없이
하늘을 향해 눈을 감은 국군을 본다

누른 유니폼 햇빛에 반짝이는 어깨의 표식
그대는 자랑스런 대한민국의 소위였구나
가슴에선 아직도 더운 피가 뿜어 나온다
장미 냄새보다 더 짙은 피의 향기여!
엎드려 그 젊은 죽음을 통곡하며
듣노라! 그대가 주고간 마지막 말을……

나는 죽었노라 스물다섯 젊은 나이에
대한민국의 아들로 숨을 마치었노라
질식하는 구름과 원수가
밀어오는 조국의 산맥을 지키다가
드디어 드디어 숨지었노라
내 손에는 범치 못할 총자루
내 머리엔 깨지지 않을 철모가 씌워져
원수와 싸우기에 한 번도 비겁하지 않았노라

그보다도 내 피 속엔 더 강한 대한의 혼이 소리쳐
달리었노라 산과 골짜기 무덤과 가시 숲을
이순신같이 나폴레옹같이 씨자같이
조국의 위험을 막기 위해
밤낮으로 앞으로 앞으로 진격! 진격!
원수를 밀어가며 싸왔노라
나는 더 가고 싶었노라
저 원수의 하늘까지
밀어서 밀어서 폭풍우같이 머나먼 적진까지
밀어 가고 싶었노라

내게는 어머니 아버지
귀여운 동생들도 있노라
어여삐 사랑하는 소녀도 있었노라
내 청춘은 봉오리지어
가까운 내 사람들과
이 땅에 피어 살고 싶었었나니
아름다운 저 하늘에 무수히 날으는
내 나라의 새들과 함께
자라고 노래하고 싶었노라
그래서 더 용감히 싸웠노라
그러다가 죽었노라
아무도 나의 죽음을 아는 이는 없으리라
그러나 나의 조국 나의 사랑이여!
숨 지어 넘어진 이 얼굴의 땀방울을

지나가는 미풍이 이처럼 다정하게 씻어주고
저 푸른 별들이
밤새 내 외롬을 위안해 주지 않는가!

나는 조국의 군복을 입은 채
골짜기 풀숲에 유쾌히 쉬노라
이제 나는 잠시 피곤한 몸을 쉬이고
저 하늘에 날르는 바람을 마시게 되었노라
나는 자랑스런
내 어머니 조국을 위해
또한 영광스리 숨 지었노니
여기 내 몸 누은 곳 이름 모를 골짜기에
밤이슬 나리는 풀숲에
아무도 모르게 우는
나이팅겔의 영원한 짝이 되었노라

바람이여! 저 이름 모를 새들이여!
그대들이 지나는 어느 길 위에서나
고생하는 내 나라의 동포를 만나거든
부디 일러다오
나를 위해 울지 말고 조국을 위해 울어달라고
저 가볍게 날으는 봄나라 새여
혹시 네가 날으는 어느 창가에서
내 사랑하는 소녀를 만나거든
나를 그리워 울지 말고

거룩한 조국을 위해
울어 달라 일러다오

조국이여! 동포여!
내 사랑하는 소녀여!
나는 그대들의 행복을 위해 간다
내가 못 이룬 소원 물리치지 못한 원수
나를 위해 내 청춘을 위해 물리쳐 다오

물러감은 비겁하다
항복보다 노예보다 비겁하다

둘러싼 군사가 다 물러가도
대한민국 국군아! 너만은
이 땅에서 싸워야 이긴다
이 땅에서 죽어야 한다
한번 버린 조국은 다시 오지 않으리라
다시 오지 않으리라
보라 폭풍이 온다 대한민국이여!
이리와 사자떼가 강과 산을 넘는다
내 사랑하는 형과 아우는
서백리아 먼 길에 유랑을 떠난다
운명이라 이 슬픔을 모른 체 하려는가
아니다 운명이 아니다
아니 운명이라도 좋다

우리는 운명보다 강하다! 강하다!
이 원수의 운명을 파괴하라 내 친구여!

그 억센 팔 다리
그 붉은 단군의 피와 혼
싸울 곳에 주저 말고 죽을 곳에 죽어서
숨지려는 조국의 생명을 불러 일으켜라

조국을 위해선 이 몸이 숨길 무덤도
내 시체를 담을 적은 관도 사양하노라
오래지 않아 거친 바람이 내 몸을 쓸어가도
저 땅의 벌레들이 내 몸을 즐겨 뜯어가도
나는 유쾌히 이들과 함께 벗이 되어
행복해질 조국을 기다리며
이 골짜기 내 나라 땅에
한줌 흙이 되기 소원이노라

산 옆 외따른 골짜기에
혼자 누운 국군을 본다
아무 말 아무 움직임 없이
하늘을 향해 눈을 감은 국군을 본다

누른 유니폼 햇빛에 반짝이는 어깨의 표식
그대는 자랑스런 대한민국의 소위였구나
가슴에선 아직 더운 피가 뿜어 나온다

장미 냄새보다 더 짙은 피의 향기여!
엎드려 그 젊은 주검을 통곡하며
나는 듣노라 그대가 주고간 마지막 말을.

1950년 8월 그믐 광주 산곡에서

— 『국군은 죽어서 말한다』, 남해문화사. 1983.

꿈을 비는 마음

문익환

개똥같은 내일이야
꿈 아닌들 안 오리오마는
조개 속 보드라운 살 바늘에 찔린 듯한
상처에서 저도 몰래 남도 몰래 자라는
진주같은 꿈으로 잉태된 내일이야
꿈 아니곤 오는 법이 없다네

그러니 벗들이여!
보름달이 뜨거든 정화수 한대접 떠놓고
진주같은 꿈 한자리 점지해 줍시사고
천지신명께 빌지 않으려나!

벗들이여!
이런 꿈은 어떻겠오?
155마일 휴전선을
해 뜨는 동해바다 쪽으로 거슬러 오르다가 오르다가
푸른 바다가 굽어 보이는 산정에 다달아
국군의 피로 뒤범벅이 되었던 북녘땅 한삽
공산군의 살이 썩은 남녘땅 한삽씩 떠서
합장을 지내는 꿈,

그 무덤은 우리 5천만 겨레의 순례지가 되겠지
그 앞에서 눈물을 글썽이다 보면
사팔뜨기가 된 우리의 눈이 제대로 돌아
산이 산으로, 내가 내로, 하늘이 하늘로,
나무가 나무로, 새가 새로, 짐승이 짐승으로,
사람이 사람으로 제대로 보이는
어처구니없는 꿈 말이외다

그도 아니면
이런 꿈은 어떻겠소?
철들고 셈들었다는 것들은 다 죽고
동남동녀들만 남았다가
쌍쌍이 그 앞에 가서 화촉을 올리고
―그렇지, 거기는 박달나무가 있어야지-
그 박달나무 아래서 뜨겁게들 사랑하는 꿈, 그리고는
동해바다에서 치솟는 용이 품에 와서 안기는 태몽을 얻어
딸을 낳고
아침 햇살을 타고 날아오는
황금빛 수리에 덮치는 꿈을 꾸고
아들을 낳는
어처구니 없는 꿈 말이외다

그도 아니면
이런 꿈은 어떻겠소?
그 무덤 앞에서 샘이 솟아

서해 바다로 서해 바다로 흐르면서
휴전선 원시림이
압록강 두만강을 넘어 만주로 펼쳐지고
한려수도를 건너뛰어 제주도까지 뻗는 꿈,
그리고 우리 모두
짐승이 되어 산과 들을 뛰노는 꿈,
새가 되어 신나게 하늘을 나는 꿈,
물고기가 되어 펄떡펄떡 뛰며 강과 바다를 누비는
어처구니없는 꿈 말이외다

「비나이다 비나이다
천지신명님 비나이다
밝고 싱싱한 꿈 한자리
평화롭고 자유로운 꿈 한자리
부디 점지해 주사이다」

— 『죽음을 살자』, 형성사, 1986.

휴전선

박봉우

산과 산이 마주 향하고 믿음이 없는 얼굴과 얼굴이 마주 향한 항시 어두움 속에서 꼭 한번은 천둥 같은 화산이 일어날 것을 알면서 요런 자세로 꽃이 되어야 쓰는가.

저어 서로 응시하는 쌀쌀한 풍경. 아름다운 풍토는 이미 고구려 같은 정신도 신라 같은 이야기도 없는가. 별들이 차지한 하늘은 끝끝내 하나인데… 우리 무엇에 불안한 얼굴의 의미는 여기에 있었던가.

모든 유혈은 꿈같이 가고 지금도 나무 하나 안심하고 서있지 못할 광장. 아직도 정맥은 끊어진 채 휴식인가 야위어 가는 이야기뿐인가.

언제 한번은 불고야말 독사의 혀같이 징그러운 바람이여. 너도 이미 아는 모진 겨우살이를 또 한 번 겪으라는가 아무런 죄도 없이 피어난 꽃은 시방의 자리에서 얼마를 더 살아야 하는가 아름다운 길은 이뿐인가.

산과 산이 마주 향하고 믿음이 없는 얼굴과 얼굴이 마주 향한 항시 어두움 속에서 꼭 한번은 천둥 같은 화산이 일어날 것을 알면서 요런 자세로 꽃이 되어야 쓰는가.

— 『휴전선』, 정음사, 1957.

목마와 숙녀

박인환

한 잔의 술을 마시고
우리는 버지니아 울프의 생애와
목마를 타고 떠난 숙녀의 옷자락을 이야기한다
목마는 주인을 버리고 거저 방울소리만 울리며
가을 속으로 떠났다 술병에서 별이 떨어진다
상심한 별은 내 가슴에 가벼웁게 부숴진다
그러한 잠시 내가 알던 소녀는
정원의 초목 옆에서 자라고
문학이 죽고 인생이 죽고
사랑의 진리마저 애증의 그림자를 버릴 때
목마를 탄 사랑의 사람은 보이지 않는다
세월은 가고 오는 것
한때는 고립을 피하여 시들어 가고
이제 우리는 작별하여야 한다
술병이 바람에 쓰러지는 소리를 들으며
늙은 여류작가의 눈을 바라다보아야 한다
……등대에……
불이 보이지 않아도
거저 간직한 페시미즘의 미래를 위하여
우리는 처량한 목마 소리를 기억하여야 한다

모든 것이 떠나든 죽든
거저 가슴에 남은 희미한 의식을 붙잡고
우리는 버지니아 울프의 서러운 이야기를 들어야 한다
두 개의 바위틈을 지나 청춘을 찾은 뱀과 같이
눈을 뜨고 한 잔의 술을 마셔야 한다
인생은 외롭지도 않고
거저 잡지의 표지처럼 통속하거늘
한탄할 그 무엇이 무서워서 우리는 떠나는 것일까
목마는 하늘에 있고
방울소리는 귓전에 철렁거리는데
가을바람 소리는
내 쓰러진 술병 속에서 목메어 우는데

— 『목마와 숙녀』, 근역서재. 1976.

봄, 파르티잔

서정춘

꽃 그려 새 울려 놓고
지리산 골짜기로 떠났다는
소식

— 『봄, 파르티잔』, 시와 시학사, 2001.

진달래 산천

신동엽

길가엔 진달래 몇 뿌리
꽃 펴 있고,
바위 모서리엔
이름 모를 나비 하나
머물고 있었어요

잔디밭엔 장총長銃을 버려 던진 채
당신은
잠이 들었죠.

햇빛 맑은 그 옛날
후고구렷적 장수들이
의형제를 묻던,
거기가 바로
그 바위라 하더군요.

기다림에 지친 사람들은
산으로 갔어요
뼛섬은 썩어 꽃죽 널리도록.

남햇가,
두고 온 마을에선
언제인가, 눈먼 식구들이
굶고 있다고 담배를 말으며
당신은 쓸쓸히 웃었지요.

지까다비 속에 든 누군가의
발목을
과수원 모래밭에선 보고 왔어요.

꽃 살이 튀는 산허리를 무너
온종일
탄환을 퍼부었지요.

길가엔 진달래 몇 뿌리
꽃 펴 있고,
바위 그늘 밑엔
얼굴 고운 사람 하나
서늘히 잠들어 있었어요

꽃다운 산골 비행기가
지나다
기관포 쏟아 놓고 가 버리더군요.

기다림에 지친 사람들은

산으로 갔어요.
그리움은 회올려
하늘에 불 붙도록.
뼛섬은 썩어
꽃죽 널리도록.

바람 따신 그 옛날
후고구렷적 장수들이
의형제를 묻던
거기가 바로
그 바위라 하더군요.

잔디밭엔 담뱃갑 버려 던진 채
당신은 피
흘리고 있었어요.

— ≪조선일보≫ 1959년 3월 24일.

너 어느 곳에 있느냐

— 사랑하는 딸 혜란에게

임 화

아직도
이마를 가려
귀밑머리를 땋기
수줍어 얼굴을 붉히던
너는 지금 이
바람 찬 눈보라 속에
무엇을 생각하여
어느 곳에 있느냐

머리가 절반 흰
아버지를 생각하여
바람 부는 산정에 있느냐
가슴이 종이처럼 얇아
항상 마음 아프던
엄마를 생각하여
해 저무는 들길에 섰느냐
그렇지 않으면
아침마다 손길 잡고 문을 나서던
너의 어린 동생과

모란꽃 향그럽던
우리 고향집과
이야기 소리 귀에 쟁쟁한
그리운 동무들을 생각하여
어느 먼 곳 하늘을 바라보고 있느냐

사랑하는 나의 아이야
벌써 무성하던
나무 잎은 떨어져
매운 바람은
마른 가지에 울고
낯익은 길들은
모두 다 눈 속에 묻혀
귀 기우리면 어데선가
들려오는 얼금창 터지는 소리
아버지는 지금
물소리 맑던 락동강가에서
악독한 원쑤들의 손으로
불타고 허물어진
숱한 마을과 도시를 지나
우리들이 사랑하던
서울과 평양을 거쳐
절벽으로 첩첩한 산과
천리 장강이 여울마다 우는
자강도 깊은 산골에 와서

어데메에 있는가 모를
너를 생각하여
이 노래를 부른다

사랑하는 나의 아이야
은하가 강물처럼 흘러
남으로 비끼고
영광스런 우리 군대가
수도를 해방하여
자유와 승리의 노래
거리마다 가뜩 찼던
아름다운 여름 밤
전선으로 가는 길역에서
우리는 간단한 말조차
나눌 사이도 없이
너는 전라도로
나는 경상도로
떠나갔다
이동안
우리들 모두의
고난한 시간이 흘러
너는 남방 먼 곳에
나는 아득한 북방 끝에
천리로 또 천리로 떨어져
여기에 있다 그러나

들으라

사랑하는 나의 아이야

이러한 도적의 침해에
우리 조선인민이 어느
한번인들 굴해 본 적이 있으며
한사코 싸워 물리치지
아니한 때가 있었는가
보라 우리 영웅적 인민군대는
벌써 청천강을 건너
평양을 지나
다시금 남으로 남으로 내려가고
형제적 우리 중국인민지원부대는
폭풍처럼 달려와
미구에 너의 곳에
이를 것이다
기다리라

사랑하는 나의 아이야

엷은 여름옷에
삼동 겨울바람이
칼날보다 쓰라리고
진동치는 눈보라가

연한 네 등에 쌓여
잠시를 견디기 어려운
몇 날 몇 밤일지라도
참고 싸우라
악독한 야수들의
포탄과 총탄이
눈을 뜰 수 없이
퍼부어 내려도

사랑하는 나의 딸아

경애하는 우리 수령은
무엇이라 말하였느냐
한 치의 땅
한 뼘의 진지일지라도
피로써 지켜내거라
한목음의 물
한 톨의 벼알일지라도
원쑤들에 주지 않기 위하여
너의 전력을 다 하거라
원쑤가 망하고 우리가
승리할 때까지 싸우라
그리하여 만일

사랑하는 나의 아이야

네가 죽지 않고 살아서
다시금 나와 만날 수 있다면
나부끼는 조국의 깃발 아래
승리의 기쁨과 더부러
우리의 만냄을
눈물로 즐길 것이고
불행히도 만일
네가 이미 이 세상에 없어
불러도 불러도 돌아오지 않고
목메어 부르는 나의 소리를
영영 듣지 못한다면
아버지의 뜨거운 손이
엄마의 떨리는 손이
동생의 조그만 손이
동무들의 굳은 손이
외딴 먼 곳에서
아버지를 생각하여
엄마를 생각하여
동생을 생각하여
동무를 생각하여
고향을 생각하여
조국을 생각하여
외로이 흘린 너와
너희들의 피를

백배로 하여
천배로 하여
원쑤들의 가슴파기
최후로 말라 다할 때까지
퍼내일 것이다.

사랑하는 나의 아이야

한 밤중 어느
먼 하늘에 바람이 울어
새도록 잦지 않거든
머리가 절반 흰 아버지와
가슴이 종이처럼 얇아
항상 마음 아프던
너의 엄마와
어린 동생이
너를 생각하여
잠 못이루는 줄 알어라

사랑하는 나의 아이야

너 지금
어느 곳에 있느냐 (1950. 12)

—『너 어느 곳에 있느냐』, 문화전선사. 1951.

벼는 벼끼리 피는 피끼리

하종오

우리야 우리끼리 하는 말로
태어나면서도 넓디넓은
평야 이루기 위해 태어났제
아무데서나 푸릇푸릇 하늘로 잎 돋아내고
아무데서나 버려져도 흙에 뿌리 박았는기라
먼 곳으로 흐르던 물줄기도 찾아보고
날뛰던 송장메뚜기 잠재우기도 하고
농부들이 흘린 땀을 거름삼기도 하면서
우리야 살기는 함께 살았제
오뉴월 하루볕이 무섭게 익어서
처음으로 서로 안고 부끄러워 고개 숙였는기라
우리야 우리 마음대로 할 것 같으면
총알받이 땅 지뢰밭에 알알이 씨앗으로 묻혔다가
터지면 흩어져 이쪽 저쪽 움돋아
우리나라 평야 이루며 살고 싶었제
우리야 참말로 참말로 참말로
갈라설 수 없어 이 땅에서 흔들리고 있는기라

— 『벼는 벼끼리 피는 피끼리』, 창작과 비평사, 1981.

| 테마 7 | 사랑 • 성애의 시

빈집

기형도

사랑을 잃고 나는 쓰네

잘 있거라, 짧았던 밤들아
창밖을 떠돌던 겨울안개들아
아무것도 모르던 촛불들아, 잘 있거라
공포를 기다리던 흰 종이들아
망설임을 대신하던 눈물들아
잘 있거라, 더 이상 내 것이 아닌 열망들아

장님처럼 나 이제 더듬거리며 문을 잠그네
가엾은 내 사랑 빈집에 갇혔네

— 『입속의 검은 잎』, 문학과 지성사, 1989.

진달래꽃

김소월

나 보기가 역겨워
가실 때에는
말없이 고이 보내 드리오이다.

영변寧邊에 약산藥山
진달래꽃
아름 따다 가실 길에 뿌리오리다.

가시는 걸음 걸음
놓인 그 꽃을
사뿐히 즈려 밟고 가시옵소서

나 보기가 역겨워
가실 때에는
죽어도 아니 눈물 흘리오이다.

—『진달래꽃』, 매문사, 1925.

사랑의 변주곡

김수영

욕망이여 입을 열어라 그 속에서
사랑을 발견하겠다 도시의 끝에
사그러져 가는 라디오의 재갈거리는 소리가
사랑처럼 들리고 그 소리가 지워지는
강이 흐르고 그 강 건너에 사랑하는
암흑이 있고 삼월을 바라보는 마른나무들이
사랑의 봉오리를 준비하고 그 봉오리의
속삼임이 안개처럼 이는 저쪽에 쪽빛
산이

사랑의 기차가 지나갈 때마다 우리들의
슬픔처럼 자라나고 도야지 우리의 밥찌끼
같은 서울의 등불을 무시한다
이제 가시밭 넝쿨 장미의 기나긴 가시가지
까지도 사랑이다

왜 이렇게 벅차게 사랑의 숲은 밀려닥치느냐
사랑의 음식이 사랑이라는 것을 알 때까지
난로 위에 끓어오르는 주전자의 물이 아슬
아슬하게 넘지 않는 것처럼 사랑의 절도는

열렬하다
간단間斷도 사랑
이 방에서 저 방으로 할머니가 계신 방에서
심부름하는 놈이 있는 방까지 죽음같은
암흑 속을 고양이의 반짝거리는 푸른 눈망울처럼
사랑이 이어져가는 밤을 안다
그리고 이 사랑을 만드는 기술을 안다
눈을 떴다 감는 기술---불란서혁명의 기술
최근 우리들이 4·19에서 배운 기술
그러나 이제 우리들은 소리내어 외치지 않는다

복사씨와 살구씨와 곶감씨의 아름다운 단단함이여
고요함과 사랑이 이루어놓은 폭풍의 간악한
신념이여
봄베이도 뉴욕도 서울도 마찬가지다
신념보다도 더 큰
내가 묻혀 사는 사랑의 위대한 도시에 비하면
너는 개미이냐

아들아 너에게 광신狂信을 가르치기 위한 것이 아니다
사랑을 알 때까지 자라라
인류의 종언의 날에
너의 술을 다 마시고 난 날에
미 대륙에서 석유가 고갈되는 날에
그렇게 먼 날까지 가기 전에 너의 가슴에

새겨둘 말을 너는 도시의 피로에서
배울 거다
이 단단한 고요함을 배울 거다
복사씨가 사랑으로 만들어진 것이 아닌가 하고
의심할 거다!
복사씨와 살구씨가
한번은 이렇게
사랑에 미쳐 날뛸 날이 올 거다!
그리고 그것은 아버지같은 잘못된 시간의
그릇된 명상이 아닐 거다

– 『김수영 전집 1 시』, 민음사, 1995.

대숲 아래서

나태주

1
바람은 구름을 몰고
구름은 생각을 몰고
다시 생각은 대숲을 몰고
대숲 아래 내 마음은 낙엽을 몬다.

2
밤새도록 댓잎에 별빛 어리듯
그슬린 등피에 네 얼굴이 어리고
밤 깊어 대숲에는 후둑이다 가는 밤소나기 소리.
그리고도 간간이 사운대다 가는 밤바람 소리.

3
어제는 보고 싶다 편지 쓰고
어제밤 꿈엔 너를 만나 쓰러져 울었다.
자고나니 눈두덩엔 메마른 눈물 자국,
문을 여니 산골엔 실비단 안개.

4
모두가 내 것만은 아닌 가을

해지는 서녘구름만이 내 차지다.
동구 밖에 떠드는 애들의
소리만이 내 차지다.
또한 동구 밖에서부터 피어오르는
밤안개만이 내 차지다.

5
모두가 내 것만은 아닌 것도 아닌
이 가을
저녁밥 일찍이 먹고
우물가 산보 나온
달님만이 내 차지다.
물에 빠져 머리칼을 헹구는
달님만이 내 차지다.

—『내태주시 전집』, 고요아침, 2006.

접시꽃 당신

도종환

옥수수잎에 빗방울이 나립니다.
오늘도 또 하루를 살았습니다.
낙엽이 지고 찬바람이 부는 때까지
우리에게 남아있는 날들은
참으로 짧습니다.
아침이면 머리맡에 흔적없이 빠진 머리칼이 쌓이듯
생명은 당신의 몸을 우수수 빠져나갑니다.
씨앗들도 열매로 크기엔
아직 많은 날을 기다려야 하고
당신과 내가 갈아엎어야 할
저 많은 묵정밭은 그대로 남았는데
논두렁을 덮는 망촛대와 잡풀가에
넋을 놓고 한참을 앉았다 일어섭니다.
마음 놓고 큰 약 한번 써보기를 주저하며
남루한 살림의 한구석을 같이 꾸려오는 동안
당신은 벌레 한 마리 함부로 죽일 줄 모르고
약한 얼굴 한 번 짓지 않으며 살려했습니다
그러나 당신과 내가 함께 받아들어야 할
남은 하루하루의 하늘은
끝없이 밀려오는 가득한 먹장구름입니다

처음엔 접시꽃 같은 당신을 생각하며
무너지는 담벼락을 껴안은 듯
주체할 수 없는 신열로 떨려 왔습니다.
그러나 이것이 우리에게 최선의 삶을
살아온 날처럼, 부끄럼 없이 살아가야 한다는
마지막 말씀으로 받아들여야 함을 압니다.
우리가 버리지 못했던
보잘것없는 눈 높음과 영욕까지도
이제는 스스럼없이 버리고
내 마음의 모두를 더욱 아리고 슬픈 사람에게
줄 수 있는 날들이 짧아진 것을 아파해야 합니다.
남은 날은 참으로 짧지만
남겨진 하루하루를 마지막 날인 듯 살 수 있는 길은
우리가 곪고 썩은 상처의 가운데에
있는 힘을 다해 맞서는 길입니다.
보다 큰 아픔을 껴안고 죽어가는 사람들이
우리 주위엔 언제나 많은데
나 하나 육신의 절망과 질병으로 쓰러져야 하는 것이
가슴 아픈 일임을 생각해야 합니다.
콩댐한 장판같이 바래어 가는 노랑꽃 핀 얼굴 보며
이것이 차마 입에 떠올릴 수 있는 말은 아니지만
마지막 성한 몸뚱아리 어느 곳 있다면
그것조차 끼워 넣어야 살아갈 수 있는 사람에게
뿌듯이 주고 갑시다
기꺼이 살의 어느 부분도 떼어주고 가는 삶을

나도 살다가 가고 싶습니다.
옥수수잎을 때리는 빗소리가 굵어집니다
이제 또 한 번의 저무는 밤을 어둠 속에서 지우지만
이 어둠이 다하고 새로운 새벽이 오는 순간까지
나는 당신의 손을 잡고 당신 곁에 영원히 있습니다.

— 『접시꽃당신』, 실천문학사, 1986.

직녀織女에게

문병란

이별이 너무 길다
슬픔이 너무 길다
선채로 기다리기엔 세월이 너무 길다
단 하나 오작교마저 끊어져버린
지금은 가슴과 가슴으로 노둣돌을 놓아
면도날 위라도 딛고 건너가 만나야 할 우리,
선 채로 기다리기엔 세월이 너무 길다.
그대 몇 번이고 감고 푼 실을
밤마다 그리움 수놓아 짠 베 다시 풀어야 했는가.
내가 먹인 암소는 몇 번이고 새끼를 쳤는데,
그대 짠 베는 몇 필이나 쌓였는가?
이별이 너무 길다
슬픔이 너무 길다
사방이 막혀버린 죽음의 땅에 서서
그대 손짓하는 연인아
유방도 빼앗기고 처녀막도 빼앗기고
마지막 머리털까지 빼앗길지라도
우리는 다시 만나야 한다
우리들은 은하수를 건너야 한다
오작교가 없어도 노둣돌이 없어도

가슴을 딛고 건너가 다시 만나야 할 우리,
칼날 위라도 딛고 건너가 만나야 할 우리,
이별은 이별은 끝나야 한다
말라붙은 은하수 눈물로 녹이고
가슴과 가슴을 노둣돌 놓아
슬픔은 슬픔은 끝나야 한다, 연인아.

— 『땅의 연가』, 창작과 비평사, 1981.

"응"

문정희

햇살 가득한 대낮
지금 나하고 하고 싶어?
네가 물었을 때
꽃처럼 피어난
나의 문자
"응"

동그란 해로 너 내 위에 떠 있고
동그란 달로 나 네 아래 떠 있는
이 눈부신 언어의 체위

오직 심장으로
나란히 당도한
신의 방

너와 내가 만든
아름다운 완성

해와 달
지평선에 함께 떠 있는

땅 위에
제일 평화롭고
뜨거운 대답
"응"

—『나는 문이다』, 뿔, 2007.

나와 나타샤와 흰 당나귀

백 석

가난한 내가
아름다운 나타샤를 사랑해서
오늘밤은 푹푹 눈이 나린다

나타샤를 사랑은하고
눈은 푹푹 날리고
나는 혼자 쓸쓸히 앉아 소주燒酒를 마신다
소주를 마시며 생각한다
나타샤와 나는
눈이 푹푹 쌓이는 밤 흰 당나귀타고
산골로 가자 출출이 우는 깊은 산골로 가 마가리에 살자

눈은 푹푹 나리고
나는 나타샤를 생각하고
나타샤가 아니올 리 없다
언제 벌써 내 속에 고조곤히 와 이야기한다
산골로 가는 것은 세상한데 지는 것이 아니다
세상 같은 건 더러워 버리는 것이다

눈은 푹푹 나리고

아름다운 나타샤는 나를 사랑하고
어데서 흰 당나귀도 오늘밤이 좋아서 응앙 응앙 울을 것이다

— 『백석 전집』, 새문사, 1990.

화사花蛇

서정주

사향麝香 박하薄荷의 뒤안길이다.
아름다운 배암…….
얼마나 커다란 슬픔으로 태어났기에, 저리도 징그러운 몸뚱어리냐

꽃 대님 같다.
너의 할아버지가 이브를 꼬여내든 달변達辨의 혓바닥이
소리 잃은 채 낼롱거리는 붉은 아가리로
푸른 하늘이다. ……물어뜯어라. 원통히 물어뜯어,

달아나거라. 저놈의 대가리!

돌팔매를 쏘면서, 쏘면서, 사향방초麝香芳草길
저놈의 뒤를 따르는 것은
우리 할아버지의 안해가 이브라서 그러는 게 아니라
석유石油 먹은 듯…… 석유 먹은 듯…… 가쁜 숨결이야

바늘에 꼬여 두를까보다. 꽃 대님보다도 아름다운 빛……

클레오파트라의 피 먹은 양 붉게 타오르는 고운 입술이

다…… 스며라! 배암.

우리 순네는 스물 난 색시, 고양이같이 고흔 입술…… 스며라! 배암.

— 『미당시 전집 1』, 민음사, 1994.

가난한 사랑노래

—이웃의 한 젊은이를 위하여

신경림

가난하다고 해서 외로움을 모르겠는가.
너와 헤어져 돌아오는
눈 쌓인 골목길에 새파랗게 달빛이 쏟아지는데.
가난하다고 해서 두려움이 없겠는가
두 점을 치는 소리
방범대원의 호각소리 메밀묵 사려 소리에
눈을 뜨면 멀리 육중한 기계 굴러가는 소리.
가난하다고 해서 그리움을 버렸겠는가
어머님 보고 싶소 수없이 뇌어보지만.
집 뒤 감나무에 까치밥으로 하나 남았을
새빨간 감 바람소리도 그려보지만.
가난하다고 해서 사랑을 모르겠는가
내 볼에 와 닿던 네 입술의 뜨거움
사랑한다고 사랑한다고 속삭이던 네 숨결
돌아서는 내 등 뒤에 터지던 네 울음.
가난하다고 해서 왜 모르겠는가
가난하기 때문에 이것들을
이 모든 것들을 버려야 한다는 것을.

—『가난한 사랑노래』, 실천문학사, 1988.

작은 짐승

신석정

란이와 나는
산에서 바다를 바라다보는 것이 좋았다.
밤나무
소나무
참나무
느티나무
다문다문 선 사이사이로 바다는 하늘보다 푸르렀다.

란이와 나는
작은 짐승처럼 앉아서 바다를 바라다보는 것이 좋았다.
짐승같이 말없이 앉아서
바다같이 말없이 앉아서
바다를 바라다보는 것은 기쁜 일이었다.

란이와 내가
푸른 바다를 향하고 구름이 자꾸만 놓아가는
붉은 산호와 흰 대리석 층층계를 거닐며
물오리처럼 떠다니는 청자기 빛 섬을 어루만질 때
떨리는 심장같이 자지러지게 흩날리는 느티나무 잎새가
란이의 머리칼에 매달리는 것을 나는 보았다.

란이와 나는
역시 느티나무 아래에 말없이 앉아서
바다를 바라다보는 순하디 순한 작은 짐승이었다.

— 『아직은 촛불을 켤 때가 아닙니다』, 미래사, 1991.

파리애마 –영화사회학

유 하

파리에서 디자인 공부하다 잠시 귀국한 선배 여동생이
만나는 사람마다 귀찮게 놀려댄다는
파리에서는 모든 것이 용서된다!
문제의 선전문구 아래
말 타는 유혜리 보러 왔다가
암표도 못 사고 그냥 돌아가는 관객들
요즘 신문을 봐도 알지만
말 타는 걸 취미로 가진 여인 주위엔 뭔지
화제와 구설수가 만발하는 법인가 봐
하여튼 애마부인 씨리즈는 장사된다구
지금까지 네 명의 애마 큰 젖통 위에 전국적으로
백만 명 이상 올라앉았으니까

파리애마는 안소영 염해리 오수비 시절
단조로운 피스톤 운동과는 스케일부터 달라
이젠 백마 컴플렉스 훌훌 던져버리고
코스모폴리탄적으로 대범하게 놀자는 말씀
역시 제주도에서 벌거벗고 말타는 것보다는
파리에서 한복 입고 말타는게
국위선양도 될 겸 보기에도 포토제닉하구만

암백마와 사는 남편을 찾기 위해 파리에 온
불감증 환자 유혜리에게 불란서 미남 백마가 묻는다
두 유 컴 프롬? 프롬 코리아
오우예, 세울 올림픽!
이 극도의 절제된 대사 속에 함축된 국제적 영혼의 교감
여기서, 느네 나라 프랑스대사관 직원들 파업한다며?
지껄였다면 얼마나 분위기 잡치는 대사인가
장작불 타오르는 페치카 옆
백마에게 짓눌린 애마부인의 교성 디퍼, 디퍼!
깊숙이, 더 깊숙이라 정확히 번역된 한글자막은
올드팬에게, 그 옛날 청계천
마분지 소설의 추억을 한 아름 선사한다
백마 타고 싶은 사람들과
마분지 소설 팬들만 들어도 거뜬히 십만이 넘는
치밀하게 계산된 영화

하지만 우리나라에 포르노 극장 개방되면
아마 파리애마 같은 영화는 파리 날릴 걸
말초신경 자극은, 깊숙이, 더 깊숙이
유혜리의 말마따나
쎈 쪽이 이기는 것이니까

포르노엔 지배자들이 살포하는
포르말린 냄새가 배여 있다
심야다방 여관 만화가게마다

절찬리에 상영중인 깊이 더 깊이 피스톤 신화
단속반이 뜨면 헉헉대는 화면은 잽싸게
보도본부 24시로 바뀌지
오늘도 반복되고 있을 포르노와 뉴스
그 충돌의 몽타아즈
가만히 집에 있는 사람들을
기어이 스카라에까지 끌어내
기어이 헛좆 꼴리게 해 놓고 보너스로
파리 에펠탑 몽마르뜨 언덕까지 구경시켜주는 파리애마
면죄부까지 에어메일로 부쳐준 파리애마

그러나 미안하지만
관객들은 파리에서 용서 받을 일이 없다
저 인산인해의, 관객들은 결코 잘못이 없다

한국관객들에겐 아직 고다르 영화가 벅차다는
불란서 문화관 골수 영화학도가
껄렁껄렁 묻는다
뿌끄와? 뿌끄와?

— 『무림일기』, 중앙일보사, 1989.

마지막 섹스의 추억

최영미

아침상 오른 굴비 한 마리
발르다 나는 보았네
마침내 드러난 육신의 비밀
파헤쳐진 오장육부, 산산이 부서진 살점들
진실이란 이런 것인가
한꺼풀 벗기면 뼈와 살로만 수습돼
그날 밤 음부처럼 무섭도록 단순해지는 사연
죽은 살 찢으며 나는 알았네
상처도 산 자만이 걸치는 옷
더 이상 아프지 않겠다는 약속

그런 사랑 여러 번 했네
찬란한 비늘, 겹겹이 구름 걷히자
우수수 쏟아지던 아침햇살
그 투명함에 놀라 껍질째 오그라들던 너와 나
누가 먼저 없이, 주섬주섬 온몸에
차가운 비늘을 꽂았지

살아서 팔딱이던 말들
살아서 고프던 몸짓

모두 잃고 나는 씹었네
입안 가득 고여 오는
마지막 섹스의 추억

— 『서른, 잔치는 끝났다』, 창작과 비평사, 1994.

| 테마 8 | 시 • 시인의 시

서시

김수영

나는 너무나 많은 첨단의 노래만을 불러왔다
나는 정지의 미에 너무나 등한하였다
나무여 영혼이여
가벼운 참새같이 나는 잠시 너의
흉하지 않은 가지 위에 피곤한 몸을 앉힌다
성장成長은 소크라테스 이후의 모든 현인들이 하여온 일
정리整理는
전란에 시달린 20세기 시인들이 하여 놓은 일
그래도 나무는 자라고 있다 영혼은
그리고 교훈은 명령은
나는
아직도 명령의 과잉을 용서할 수 없는 시대이지만
이 시대는 아직도 명령의 과잉을 요구하는 밤이다
나는 그러한 밤에는 부엉이의 노래를 부를 줄도 안다

지지한 노래를
더러운 노래를 생기없는 노래를
아아 하나의 명령을

— 『김수영 전집 I 시』, 민음사, 1981.

누군가 나에게 물었다

김종삼

누군가 나에게 물었다. 시가 뭐냐고
나는 시인이 못 됨으로 잘 모른다고 대답하였다.
무교동과 종로와 명동과 남산과
서울역 앞을 걸었다.
저녁녘 남대문 시장 안에서
빈대떡을 먹을 때 생각나고 있었다.
그런 사람들이
엄청난 고생이 되어도
순하고 명랑하고 맘 좋고 인정이
있으므로 슬기롭게 사는 사람들이
그런 사람들이
이 세상에서 알파이고
고귀한 인류이고
영원한 광명이고
다름 아닌 시인이라고

— 『스와니강이랑 요단강이랑』, 미래사, 1991.

나목과 시 서장序章

김춘수

겨울하늘은 어떤 불가사의의 깊이에로 사라져 가고,
있는 듯 없는 듯 무한은
무성하던 잎과 열매를 떨어뜨리고
무화과나무를 나체로 서게 하였는데
그 예민한 가지 끝에
닿을 듯 닿을 듯 하는 것이
시일까,
언어는 말을 잃고
잠자는 순간,
무한은 미소하며 오는데
무성하던 잎과 열매는 역사의 사건으로 떨어져 가고,
그 예민한 가지 끝에
명멸하는 그것이
시일까,

— 『김춘수시 전집』, 민음사, 1994.

흰 바람벽이 있어

백 석

오늘저녁 이 좁다란 방의 흰 바람벽에
어쩐지 쓸쓸한 것만이 오고 간다
이 흰 바람벽에
희미한 15촉 전등이 지치운 불빛을 내어던지고
때 절은 다 낡은 무명셔츠가 어두운 그림자를 쉬이고
그리고 또 달디단 따끈한 감주나 한잔 먹고싶다고 생각하는 내 가지가지 외로운 생각이 헤매인다
그런데 이것은 또 어인일인가
이 흰 바람벽에
내 가난한 늙은 어머니가 있다
내 가난한 늙은 어머니가
이렇게 시퍼러둥둥하니 추운 날인데 차디찬 물에 손을 담그고 무이며 배추를 씻고 있다
또 내 사랑하는 사람이 있다
내 사랑하는 어여쁜 사람이
어느 먼 앞대 조용한 개포가의 나즈막한 집에서
그의 지아비와 마조 앉아 대구국을 끓여놓고 저녁을 먹는다
벌써 어린것도 생겨서 옆에 끼고 저녁을 먹는다
그런데 또 이즈막하야 어느 사이엔가
이 흰 바람벽엔

내 쓸쓸한 얼굴을 쳐다보며
이러한 글자들이 지나간다
—나는 이 세상에서 가난하고 외롭고 높고 쓸쓸하니 살아가도록 태어났다
그리고 이 세상을 살아가는데
내 가슴은 너무도 많이 뜨거운 것으로 호젓한 것으로 또 사랑으로 슬픔으로 가득 찬다
그리고 이번에는 나를 위로하듯이 나를 울력하는 듯이
눈질을 하며 주먹질을 하며 이런 글자들이 지나간다
—하늘이 이 세상을 내일 적에 그가 가장 귀해 하고 사랑하는 것들은 모두
가난하고 외롭고 높고 쓸쓸하니 그리고 언제나 넘치는 사랑과 슬픔 속에 살도록 만드신 것이다
초생달과 바구지꽃과 짝새와 당나귀가 그러하듯이
그리고 또 '프랑시쓰 쨈'과 도연명陶淵明과 '라이넬 마리아 릴케'가 그러하듯이

— 『백석 전집』, 새문사, 1990.

만년필

송찬호

이것으로 무엇을 이룰 수 있었을 것인가 만년필 끝 이렇게 작고 짧은 삽날을 나는 여지껏 본 적이 없다

한때, 이것으로 허공에 광두정을 박고 술 취한 넥타이나 구름을 걸어 두었다 이것으로 경매에 나오는 죽은 말 대가리 눈 화장을 해주는 미용사 일도 하였다

또 한때, 이것으로 근엄한 장군의 수염을 그리거나 부유한 앵무새의 혓바닥 노릇을 한 적도 있다 그리고 지금은 이것으로 공원묘지에 일을 얻어 비명을 읽어주거나 가끔씩 때늦은 후회의 글을 쓰기도 했다

그리하여 볕 좋은 어느 가을날 오후 나는 눈썹 까만 해바라기 씨를 까먹으면서, 해바라기 그 황금 원반에 새겨진 파카니 크리스탈이니 하는 빛나는 만년필시대의 이름들을 추억해보는 것이다

그리고 나는 오래된 만년필을 만지작거리며 지난날 습작의 삶을 돌이켜본다—만년필은 백지의 벽에 머리를 짓찧는다 만년필은 캄캄한 백지 속으로 들어가 오랜 불면의 밤을 밝힌다

—이런 수사는 모두 고통스런 지난 일들이다!

하지만 나는 책상 서랍을 여닫을 때마다 혼자 뒹굴어 다니는 이 잊혀진 필기구를 보면서 가끔은 이런 상념에 젖기도 하는 것이다 거품 부글거리는 이 잉크의 늪에 한 마리 푸른 악어가 산다.

— 『고양이가 돌아오는 저녁』, 문학과지성사, 2009.

자화상

서정주

애비는 종이었다. 밤이 깊어도 오지 않았다.
파뿌리같이 늙은 할머니와 대추꽃이 한 주 서 있을 뿐이었다.
어매는 달을 두고 풋살구가 꼭 하나만 먹고 싶다 하였으나…… 흙으로 바람벽 한 호롱불 밑에
손톱이 까만 에미의 아들
갑오년이라든가 바다에 나가서는 돌아오지 않는다 하는 외할아버지의 숱 많은 머리털과
그 크다란 눈이 나는 닮았다 한다.
스물세 해 동안 나를 키운 건 팔 할이 바람이다.
세상은 가도 가도 부끄럽기만 하드라.
어떤 이는 내 눈에서 죄인을 읽고 가고
어떤 이는 내 입에서 천치를 읽고 가나
나는 아무것도 뉘우치진 않을란다.

찬란히 티워 오는 어느 아침에도
이마 위에 얹힌 시의 이슬에는
몇 방울의 피가 언제나 섞여 있어
볕이거나 그늘이거나 혓바닥 늘어트린
병든 수캐마냥 헐떡거리며 나는 왔다.

— 『미당시 전집 1』, 민음사, 1994.

용산龍山에서

오규원

시에는 무슨 근사한 얘기가 있다고 믿는
낡은 사람들이
아직도 살고 있다. 시에는
아무 것도 없다.
조금도 근사하지 않은
우리의 생밖에.

믿고 싶어 못 버리는 사람들의
무슨 근사한 이야기의 환상밖에는.
우리의 어리석음이 우리의 의지와 이상 속에 자라며 흔들리듯
그대의 사랑도 믿음도 나의 사기도 사기의 확실함도
확실한 그만큼 확실하지 않고
근사한 풀밭에는 잡초가 자란다.

확실하지 않음이나 사랑하는 게 어떤가.
시에는 아무 것도 없다. 시에는
남아 있는 우리의 생밖에.
남아 있는 우리의 생은 우리와 늘 만난다
조금도 근사하지 않게.
믿고 싶지 않겠지만
조금도 근사하지 않게.

— 『희망 만들며 살기』, 지식산업사, 1985.

쉽게 씌어진 시

윤동주

창밖에 밤비가 속살거려
육첩방六疊房은 남의 나라,

시인이란 슬픈 천명인줄 알면서도
한 줄 시를 적어 볼까,

땀내와 사랑내 포근히 품긴
보내주신 학비봉투를 받아

大學 노—트를 끼고
늙은 교수의 강의를 들으러 간다.

생각해 보면 어린 때 동무를
하나, 둘, 죄다 잃어버리고

나는 무얼 바라
나는 다만, 홀로 침전沈澱하는 것일까?

인생은 살기 어렵다는데

시가 이렇게 쉽게 씌어지는 것은
부끄러운 일이다.
육첩방은 남의 나라
창밖에 밤비가 속살거리는데,

등불을 밝혀 어둠을 조금 내몰고,
시대처럼 올 아침을 기다리는 최후의 나,

나는 나에게 작은 손을 내밀어
눈물과 위안으로 잡는 최초의 악수.

— 『하늘과 바람과 별과 시』, 정음사, 1948.

자유가 시인더러

조태일

자유가 시인더러 하는 말 좀 들어보게.
시인이 자유더러 하는 말 좀 들어보게.
서로 먼저 말하겠다고 싸우는 꼴 좀 바라보게.
도무지 무슨 말인지 알아들을 수도
없는 말 한번 들어보게.

자유가 시인더러
시인이 자유더러
멱살을 잡고 무슨 말인가를 하지만
전혀 알아들을 수 없네.
우리 같은 촌놈은 도무지 알아들을 수 없네.

자유가 시인더러
시인이 자유더러
따귀를 올려치면서 탁탁탁 치면서
하는 소리 들어 보게나
아아, 저게 상징이구나 은유로구나
상상력이구나
아픔만 낳는 시법이구나.
오늘 하루도 평탄치 못하겠구만.

일찍 일어나 세수부터 정갈하게 하고
구두끈도 단단히 동여매야겠구만.

— 『자유가 시인더러』, 창작과 비평사, 1987.

우렁 색시

최두석

나의 선조는 최치원이 아니고
차라리 우렁이라 할까
끊임없이 생수 솟구치는 둠벙
둠벙에 깊이 잠겨 사는
주먹만한 우렁이라 할까

세상에서 가장 순박하고 억센
총각이 짓는 논을 골라
풍년 나락이 넘실대는 논고랑을 기어 나와
<이 농사 거두어 누구랑 먹고 살지> 하는
총각의 혼잣말에 응수한
목소리 해맑은 우렁이라고나 할까
총각이 주머니에 넣어다가
부엌 물동이에 담가 두었더니
살며시 밥 짓고 바느질한
우렁에서 나온 색시라 할까.

어느날 들에 밥고리 이고 나갔다가
너무 예쁜 죄로 원님에게 들켜
우렁 색시는 원님의 첩이 되었지만

이미 농사꾼의 씨를 받아 아이를 낳으니
그 아이가 나의 선조라 할까
내 시 또한 최치원에게서
혹은 그를 추종한 천 년 문학 전통에서
별로 배운 바 없으니
내 시의 뿌리도 차라리 우렁 색시라 할까
언제부터인지는 알 수 없지만
입에서 입으로 끈덕지게 전해 내려와
어린 날 누님의 목소리로 내 귀에까지 들어온
우렁 색시 이야기 같은 것이라 할까

— 『대꽃』, 문학과 지성사, 1984.

긍정적인 밥

함민복

시 한 편에 삼만 원이면
너무 박하다 싶다가도
쌀이 두 말인데 생각하면
금방 마음이 따뜻한 밥이 되네

시집 한 권에 삼천 원이면
든 공에 비해 헐하다 싶다가도
국밥이 한 그릇인데
내 시집이 국밥 한 그릇만큼
사람들 가슴을 따뜻하게 덮여줄 수 있을까
생각하면 아직 멀기만 하네

시집이 한 권 팔리면
내게 삼백 원이 돌아온다
박리다 싶다가도
굵은 소금이 한 됫박인데 생각하면
푸른 바다처럼 상할 마음 하나 없네

— 『모든 경계에는 꽃이 핀다』, 창작과 비평사, 1996.

| 테마 9 | 실험 • 전위의 시

데생 | 김광균

독자놈들 길들이기 | 박남철

가끔은 주목받는 생이고 싶다 | 오규원

武歷 18년에서 20년 사이 | 유 하

오감도烏瞰圖 | 이 상

1959년 | 이성복

라디오같이 사랑을 끄고 켤 수 있다면 | 장정일

바다의 층계 | 조 향

광고의 나라 | 함민복

徐伐, 셔블, 셔ᄫᅳᆯ, 서울, SEOUL | 황지우

데생

김광균

1
향료를 뿌린 듯 곱—다란 노을 우에
전신주 하나 하나 기울어지고

먼—고가선 위에 밤이 켜진다.

2
구름은
보랏빛 색지 우에
마구 칠한 한 다발 장미.

목장의 깃발도 능금나무도
부을면 꺼질듯이 외로운 길

—『김광균 전집』, 국학자료원, 2002.

독자놈들 길들이기

박남철

내 詩에 대하여 의아해하는 구시대의 독자 놈들에게→차렷, 열중쉬엇, 차렷,

이 줏만한 놈들이……
차렷, 열중쉬엇, 차렷, 열중쉬엇, 정신차렷, 차렷, ○○,
차렷, 헤쳐모엿!

이 줏만한 놈들이……
헤쳐모엿,

(야 이 줏만한 놈들아, 느네들 정말 그 따위로들밖에 정신 못 차리겠어, 엉?)

차렷, 열중쉬엇, 차렷, 열중쉬엇, 차렷……

— 『지상의 인간』, 문학과 지성사, 1984.

가끔은 주목받는 생이고 싶다

오규원

선언 또는 광고 문안

단조로운 것은 생의 노래를 잠들게 한다.
머무르는 것은 생의 언어를 침묵하게 한다.
인생이란 그저 살아가는 짧은 무엇이 아닌 것.
문득 — 스쳐 지나가는 눈길에도 기쁨이 넘치나니
가끔은 주목받는 인생이고 싶다 — CHEVALIER

개인 또는 초상화

벽과 벽 사이 한 女人이 있다. 살아 있는 몸이 절반쯤만
세상에 노출되고, 눌러쓴 모자 깊숙이 감춘 눈빛을 허리를
받쳐 들고 있는 한 손이 끄을고 가고.

빛 또는 물질

짝짝이 여자 구두 한 켤레가 놓여 있다
짝짝이 코끝에 영롱한 스포트라이트의
구두 발자국.

– 『가끔은 주목받는 생이고 싶다』, 문학과 지성사, 1987.

武歷 18년에서 20년 사이

—무림일기 1

유 하

경천동지할 무공으로 중원을 휩쓸고 우뚝 무림왕국을 세웠던
무림패왕 천마대제 만박이 주지육림에 빠져 온갖 영화를 누리다
무림의 안위를 위해 창설했던 정보기관 동창서열 제이위
낙성천마 금규에게 불의의 일장을 맞고 척사되자
무림계는 난세천하를 휘어잡으려는 군웅들이 어지러이 할거하기 시작했다
차도살인지계*를 누구보다도 잘 이용했던 천마대제 만박
천상옥음 냉약봉, 중원제일미 녹부용이 그의 진기를 분산시킨 것도 원인이 되겠지만,
수하친병의 벽력장에 철골지계 천마대제가 어이없이 살상당한 건
곁에 있는 사람도 자객으로 변한다, 삼라만상을 경계하라는
무림계의 생리를 너무도 잘 설명해주는 대목이었다
천마대제가 죽자 무림존폐의 위기를 느낀 동창서열 제오위
광두일귀 동문혹은
낙성천마를 기습, 금나수법으로 제압한 뒤 고수들을 규합하였다
그리하여 무력 18년 겨울, 고금성 주위엔 무림의 앞날을 걱

정하는
천수신마, 건곤일검, 남해일노등 내공이 노화순청의 경지에 이른
초고수들이 암암리에 몰려들었다 그들은
벽안의 무사들에게 빌린 천마벽력탄과 육혈포를 가지고
동창서열 제삼위 무적금괴 승룡을 제압 중원을 평정하기에 이르렀다
서역의 천마벽력탄 앞에서 무적금괴의 철풍장 정도는 조족지혈이었다
무력 19년 초봄, 칠청단이란 자객의 무리들이 난데없이 출몰해
무고한 백성들을 자객훈련 시킨다며 백골계곡에 잡아가둔 사건이 있었다
이른바 소림삼십육방 통과보다 더 악명 높다는 지옥십관 훈련
그러나 대부분 지옥일관도 통관하지 못하고 독가시 채찍에 맞아 원혼이 되었다
그 무렵 하남 땅에선 민초들의 항쟁이 있었다
아, 이름하여 하남의 대혈겁
광두일귀는 공수무극파천장을 퍼부어 무림잡배의 폭동을
무사히 제압했다고 공표 무림의 안녕을 거듭 확인했다
그날은 꽃잎도 혈면으로 흐드러졌고 봄비도 피비린내의 살점으로 튀었다
이 엄청난 혈채를 어디서 보상받아야 하는가
무력 19년 가을, 광두일귀는 숭산의 영웅대회에서 잔혼귀존 폭풍마독등과

형식적인 비무를 거친 뒤 무림맹주의 권좌에 등극하였다
그날 무협신문들은 일제히 환영의 뜻을 표하며
혈의방 무사들이 통천가공할 무공을 익히며 호시탐탐 중원을 노리는 이때
강력한 무공의 소유자가 중원을 다스려야 한다고
수심에 가득찬 기사를 썼지만 대부분 인면수심들이었다
천마대제는 비명에 갔지만 강자존 약자멸!
이 무림의 대원칙이 깨질 것을 우려한 광두일귀 및 일부 뜻있는 고수들은
武歷은 무력으로밖에 지킬 수 없다는 평범한 이치 앞에 숙연해 하며
한층 겸허하게 무공연마에 정진할 것을 다짐했다

* 남의 칼로 적을 침

— 『무림일기』, 중앙일보사, 1989.

오감도烏瞰圖

이 상

시 제1호

13인의 아해가 도로로 질주하오.
(길은 막다른 골목이 적당하오.)

제 1의 아해가 무섭다고 그리오.
제 2의 아해가 무섭다고 그리오.
제 3의 아해가 무섭다고 그리오.
제 4의 아해가 무섭다고 그리오.
제 5의 아해가 무섭다고 그리오.
제 6의 아해가 무섭다고 그리오.
제 7의 아해가 무섭다고 그리오.
제 8의 아해가 무섭다고 그리오.
제 9의 아해가 무섭다고 그리오.
제10의 아해가 무섭다고 그리오.

제11의 아해가 무섭다고 그리오.
제12의 아해가 무섭다고 그리오.
제13의 아해가 무섭다고 그리오.
13인의 아해는 무서운 아해와 무서워하는 아해와 그렇게뿐이 모였소.

(다른 사정은 없는 것이 차라리 나았소.)

그 중에 1인의 아해가 무서운 아해라도 좋소.
그 중에 2인의 아해가 무서운 아해라도 좋소.
그 중에 2인의 아해가 무서워하는 아해라도 좋소.
그 중에 1인의 아해가 무서워하는 아해라도 좋소.

(길은 뚫린 골목이라도 적당하오.)
13인의 아해가 도로로 질주하지 아니하여도 좋소.

— 『이상문학 전집 1 시』, 문학사상사, 1988.

1959년

이성복

그해 겨울이 지나고 여름이 시작되어도
봄은 오지 않았다 복숭아나무는
꽃이 채 피기도 전에 아주 작은 열매를 맺고
불임의 살구나무는 시들어 갔다
소녀들의 성기에는 까닭 없이 고름이 흐르고
의사들은 아프리카까지 주민 이민을 떠났다 우리는
유학 가는 친구들에게 술 한 잔 얻어먹거나
이차 대전 때 남양南洋으로 징용 간 삼촌에게서
뜻밖의 편지를 받기도 했다 그러나 어떤
놀라움도 우리를 무기력과 불감증으로부터
불러내지 못했고 다만, 그 전해에 비해
약간 더 화려하게 절망적인 우리의 습관을
수식했을 뿐 아무것도 추억되지 않았다
어머니는 살아 있고 여동생은 발랄하지만
그들의 기쁨은 소리 없이 내 구둣발에 짓이겨
지거나 이미 파리채 밑에 으깨어져 있었고
춘화를 볼 때마다 부패한 채 떠올라 왔다
그해 겨울이 지나고 여름이 시작되어도
우리는 봄이 아닌 윤리와 학설과
싸우고 있었다 오지 않는 봄이어야 했기에
우리는 보이지 않는 감옥으로 자진해 갔다

— 『뒹구는 돌은 언제 잠 깨는가』, 문학과 지성사, 1980.

라디오같이 사랑을 끄고 켤 수 있다면

—김춘수의 「꽃」을 변주하여

장정일

내가 단추를 눌러 주기 전에는
그는 다만
하나의 라디오에 지나지 않았다.

내가 그의 단추를 눌러 주었을 때
그는 나에게로 와서
전파가 되었다.

내가 그의 단추를 눌러 준 것처럼
누가 와서 나의
굳어 버린 핏줄기와 황량한 가슴속 버튼을 눌러 다오
그에게로 가서 나도
그의 전파가 되고 싶다.

우리들은 모두
사랑이 되고 싶다.
끄고 싶을 때 끄고 켜고 싶을 때 켤 수 있는
라디오가 되고 싶다.

— 『길 안에서의 택시잡기』, 민음사, 1988.

바다의 층계

조 향

낡은 아코오뎡은 대화를 관뒀습니다.

— 여보세요?

폰폰따리아
마주르카
디이젤-엔진에 피는 들국화,

— 왜 그러십니까?

모래밭에서
수화기
여인의 허벅지
낙지 까아만 그림자

비둘기와 소녀들의 랑데-부우
그 위에
손을 흔드는 파아란 깃폭들

나비는

기중기의
허리에 붙어서
푸른 바다의 층계를 헤아린다.

— 『조향 전집 1』, 열음사, 1994.

광고의 나라

함민복

광고의 나라에 살고 싶다
사랑하는 여자와 더불어
아름답고 좋은 것만 가득 찬
저기, 자본의 에덴동산, 자본의 무릉도원,
자본의 서방정토, 자본의 개벽세상—

인간을 먼저 생각하는 휴먼테크의 아침 역사를 듣는다, 르네상스 리모컨을 누르고 한쪽으로 쏠리지 않는 휴먼퍼니처 라자 침대에서 일어나 우라늄으로 안전에너지를 공급하는 에너토피아의 전등을 켜고 21세기 인간과 기술의 만남 테크노피아의 냉장고를 열어 장수의 나라 유산균 불가리~스를 마신다 인생은 한 편의 연극, 누군들 그 드라마의 주인공이 되고 싶지 않을까 사랑하는 여자는, 드봉 아르드포 메이컵을 하고 함께 사는 모습이 아름답다 꼼빠니아 패션을 입는다 간단한 식사 우유에 켈로그 콘프레이크를 먹고 가슴이 따뜻한 사람과 만나고 싶다는 명작 커피를 마시며 어떤 어려움이 닥쳐도 할 말은 하고 쓸 말은 쓰겠다는 신문을 뒤적인다 호레이 호레이 투우의 나라 쓸기담과 비가 와도 젖지 않는 협립 우산을 챙기며 정통의 길을 걸어온 남자에게는 향기가 있다는 리갈을 트럼펫 소리에 맞춰 신을 때 사랑하는 여자는 세련된 도시감각 영에

이지 심플리트트를 신는다 재미로 먹는 과자 비틀즈와 고래밥 겉은 부드럽고 속은 질긴 크리넥스 티슈가 놓여 있는, 승객의 안전을 먼저 생각하는 제3세대 승용차 엑셀을 타고 보람차고 알찬 주말을 함께하자는 방송을 들으며 출근한다.

제1의 더톰보이가 거리를 질주하오.
천만번을 변해도 나는 나
제2의 아모레 마몽드가 거리를 질주하오.
나의 삶은 나의 것
제3의 비제바노가 거리를 질주하오
그 소리가 내 마음을 두드린다
제4의 비비안 팜팜브라가 거리를 질주하오
매력적인 바스트, 살아나는 실루엣
제5의 캐리어쉬크 우바가 거리를 질주하오
오늘 봄바람의 이미지를 입는다
제6의 미스 빅맨이 거리를 질주하오
보여주고 싶다 새로운 느낌 새로운 경험
제7의 라무르 메이크업이 거리를 질주하오
사랑은 연두빛 유혹
제8의 주단학세렉션이 거리를 질주하오
나의 색은 내가 선택한다
제9의 캐리어가 거리를 질주하오
남자의 가슴보다 넓은 바다는 없다
제10의 마리떼프랑소와저버가 거리를 질주하오
거침없는 변혁의 몸짓
제11의 파드리느가 거리를 질주하오
지금 그 남자의 지배가 시작된다
제12의 르노와르 돈나가 거리를 질주하오
오늘, 이 도시가 그녀로 하여 흔들린다

제13의 피어리스 오베론이 거리를 질주하오

살아 있는 것은 아름답다

자연은 후손에게 물려줄 유산이 아니라 후손에게 차용한 것이라고 말하는 공익광고협의회의 저녁 뺨에서 헹굼까지 사랑이란 이름의 히트 세탁기를 돌리고 누가 끓여도 맛있는 오뚜기 라면을 끓이려다가 지방은 적고 단백질이 많은 로하이 참치를 끓인다 그리운 사람에게 사랑이란 말은 더 잘들리는 하이폰 전화 몇 통 식후 은행잎에서 추출한 혈액순환제 징코민한 알 미련하게 생긴 사람들이 광고하는 소화제 베아제 광고가 나오는 대우 프로비젼 티브이를 끄고 백년도 못 살면서 천년의 고민을 하는 중생들이 우습다는 소설 김삿갓의 고려원을 읽다가 많은 분들께 공급하지 못해 죄송하다는 썸씽스페샬을 한잔 하고 그의 자신감은 어디서 오는가 패션의 시작 빅맨을 벗고 코스모스표 특수형 콘돔을 끼고 잠자리에 든다

아아 광고의 나라에 살고 싶다
사랑하는 여자와 더불어
행복과 희망만 가득 찬
절망이 꽃피는, 광고의 나라

— 『자본주의의 약속』, 세계사, 1993.

徐伐, 셔블, 셔볼, 서울, SEOUL

황지우

장만섭 씨(34세, 보성물산주식회사 종로지점 근무)는 1983년 2월 24일 18:52 #26, 7, 8, 9……, 화신 앞 17번 좌석버스 정류장으로 걸어간다. 귀에 꽂은 산요 리시버는 엠비시에프엠 '빌보드 톱텐'이 잠시 쉬고, '중간에 전해드리는 말씀,'시엠을 그의 귀에 퍼붓기 시작한다.

쪼옥 빠라서 씨버주세요. 해태 봉봉 오렌지 쥬스 삼배권!
더욱 커졌씁니다. 롯데 아이스콘 배권임다!
뜨거운 가슴 타는 갈증 마시자 코카콜라!
오 머신는 남자 캐주얼 슈즈 만나줄까 빼빼로네 에스에스 패션!

보성물산주식회사의 종로지점 근무, 34세의 장만섭씨는 산요 리시버를 벗는다. 최근 그는 머리가 벗겨진다. 배가 나오고, 그리고 최근 그는 피혁 의류 수출부 차장이 되었다. 간밤에도 그는 외국 바이어들을 만났고, '그년'들을 대주고 그도 '그년들 중의 한 년'의 그것을 주물럭거리고 집으로 와서 또 아내의 그것을 더욱 힘차게, 더욱 전투적이고 더욱 야만적으로, 주물러주었다. 이것은 그의 수법이다. 이 수법을 보성물산주식회사 차장 장만섭씨의 아내 김민자 씨(31세, 주부, 강남구 반포동 주공아파트 11325동 5502호)가 낌새 챌 리 없지만, 혹은 챘으면서도 모른 체해주는 김민자 씨의 한 수 위인 수법에 그의 그것이,

그가 즐겨 쓰는 말로, "갸꾸로, 물린 것"인지도 모르지만, 그가 그의 아내의 배 위에서, '그년'과 놀아난 '표'를 지우려 하면 할수록, 보성물산주식회사 차장 장만섭씨는 영동의 룸살롱 '겨울바다'(제목이 참 고상하지. 시적이야. 그지?)의 미스 쵠가 챈가 하는 '그년'을 더욱더 실감으로 만지고 있는 것이다.

아저씨 아저씨 잇짜나요 내일 나제 아저씨 사무실 아프로 나갈게 나 마신는 거 사 줄래

커 죠티(보성물산주식회사의 장만섭 차장은 '일간스포츠'의 고우영 만화에 대한 지독한 팬이다)

잇짜나요, 그리구,

어쩌구 저쩌구 해서 오늘 장만섭씨는 미스 쵠가 챈가 하는 여자를 낮에 만났고, 대낮에 여관으로 갔다. 그리고 1983년 2월 24일 19:08 #36, 7, 8, 9……, 그 장만섭씨는 화신 앞 17번 좌석버스 정류장에 늘어선 열의 맨 끝에 서 있다. 1983년 2월 24일 19:10 #51, 2, 3, 4…… 장만섭씨는 열의 중간쯤에 서 있다. 1983년 2월 24일 19:15 #27, 8, 9…… 선진조국의 서울 시민들을 태운 17번 좌석버스는 안국동 방향으로 떠나고 장만섭씨는 그 열의 맨 앞에 서 있다. 그의 손에는 아들, 장일석(6세)과 딸, 장혜란(4세)에게 줄 이티 장난감이 들려져 있다. 보성물산주식회사 장만섭 차장은 무료했다. 그는 거리에까지 들려 나오는 전자 오락실의 우주 전쟁놀이 굉음을 무심히 듣고 있다.

숑숑숑숑숑숑숑숑숑숑숑숑숑숑숑숑숑

띠리릭 띠리릭 띠리리리리리리릭

피웅피웅 피웅피웅 피웅피웅피웅피웅

꽝! ㄲㅗㅏㅇ!

PLEASE DEPOSIT COIN

AND TRY THIS GAME!
또르르르륵
그리고 또 다른 동전들과 바뀌어지는
숑숑과 피웅피웅과 꽝!
그리고 숑숑과 피웅피웅과 꽝!을 바꾸어주는, 자물쇠 채워진 동전통의 주입구(이건 꼭 그것 같애, 끊임없이 넣고 싶다는 의미에서 말야)에서,
그러나 정말로 갤러그 우주선들이 튀어나와, 보성물산주식회사 장만섭 차장이 서 있는 버스 정류장을 기총 소사하고, 그 옆의 신문대를 폭파하고, 불쌍한 아줌마 꽥 쓰러지고, 그 뒤의 고구마 튀김 청년은 끓는 기름 속에 머리를 처박고 피 흘리고, 종로 2가 지하철 입구의 전경 버스도 폭삭, 안국동 화방 유리창은 와장창, 방사능이 지하 다방 '88올림픽'의 계단으로 흘러 내려가고, 화신 일대가 정전되고, 조계사 쪽으로, 종로예식장 쪽으로, 중소기업협동조합중앙회 쪽으로, 우미관 뒷골목 쪽으로, 보신각 쪽으로
그러나 그 위로 다시 갤러그 3개 편대가 내려와 5천 메가톤급 고성능 핵미사일을 집중 투하, 집중 투하!

짜 자 잔
GAME OVER
한다면,

— 『새들도 세상을 뜨는구나』, 문학과 지성사, 1983.

| 테마 10 | 애국·계몽의 시

나의 사랑하는 나라

김광섭

지상에 내가 사는 한 마을이 있으니
이는 내가 사랑하는 한 나라이어라

세계에 무수한 나라가 큰 별처럼 빛날지라도
내가 살고 내가 사랑하는 나라는 오직 하나뿐

반만년의 역사가 혹은 바다가 되고 혹은 시내가 되야
모진 바위에 부딪쳐 지하로 숨어들지라도
이는 나의 가슴에서 피가 되고 맥이 되는 생명일지니
나는 어데로 가나 이 끊임없는 생명에서 영광을 찾어

남북으로 양단되고 사상으로 분열된 나라일망정
나는 종처럼 이 무거운 나라를 끌고 신성한 곳으로 가리니

오래 닫혀진 침묵의 문이 열리는 날
고민을 상징하는 한 떨기 꽃은 찬연히 피리라
이는 또한 내가 사랑하는 나라 내가 사랑하는 나라의 꿈이
거니

— 『김광섭-한국현대시문학대계 12』, 지식산업사, 1981.

국경의 밤

김동환

제1부

1장
아하, 무사히 건넜을까,
이 한밤에 남편은
두만강頭滿江을 탈 없이 건넜을까?
저리 국경 강안江岸을 경비하는
외투外套 쓴 검은 순사巡査가
왔다 —— 갔다 ——
오르명 내리명 분주히 하는데
발각도 안되고 무사히 건넜을까?
소금실이 밀수출密輸出 마차를 띄워 놓고
밤새 가며 속태우는 젊은 아낙네,
물레 젓던 손도 맥이 풀려서
'파!' 하고 붙는 어유魚油 등잔만 바라본다.
북국北國의 겨울밤은 차차 깊어 가는데.

2장
어디서 불시에 땅 밑으로 울려 나오는 듯,
"어—이" 하는 날카로운 소리 들린다.

저 서쪽으로 무엇이 오는 군호軍號라고
촌민村民들이 넋을 잃고 우두두 떨 적에,
처녀妻女만은 잡히우는 남편의 소리라고
가슴 뜯으며 긴 한숨을 쉰다.
눈보라에 늦게 내리는
영림창營林廠 산림山林실이 벌부筏夫떼 소리언만.

3장
마지막 가는 병자病者의 부르짖음 같은
애처로운 바람 소리에 싸이어
어디서 '땅' 하는 소리 밤하늘을 짼다.
뒤대어 요란한 발자취 소리에
백성들은 또 무슨 변變이 났다고 실색하여 숨죽일 때,
이 처녀妻女만은 강도 채 못 건넌 채 얻어맞는 사내 일이라고
문비탈을 쓸어안고 흑흑 느껴 가며 운다.
겨울에도 한 삼동三冬, 별빛에 따라
고기잡이 얼음장 끊는 소리언만.
…(하략)…

—『국경의 밤』, 한성도서주식회사, 1925.

바라건대는 우리에게 우리의 보습대일 땅이 있었다면

김소월

나는 꿈꾸었노라, 동무들과 내가 가지런히
벌 가의 하루 일을 다 마치고
석양夕陽에 마을로 돌아오는 꿈을,
즐거이, 꿈 가운데.

그러나 집 잃은 내 몸이어,
바라건대는 우리에게 우리의 보습대일 땅이 있었다면!
이처럼 떠돌으랴, 아침에 저물 손에
새라 새로운 탄식을 얻으면서.

동이랴, 남북이랴,
내 몸은 떠가나니, 볼지어다,
희망의 반짝임은, 별빛이 아득임은
물결뿐 떠올라라, 가슴에 팔다리에.

그러나 어쩌면 황송한 이 심정을! 날로 나날이 내 앞에는
자칫 가느른 길이 이어가라. 나는 나아가리라
한걸음, 또 한걸음. 보이는 산비탈엔
온 새벽 동무들 저저 혼자…… 산경山耕을 김 매이는.

— 『김소월시 전집』, 정음사, 1980.

독毒을 차고

김영랑

내 가슴에 독을 찬 지 오래로다.
아직 아무도 해害한 일 없는 새로 뽑은 독
벗은 그 무서운 독 그만 흩어버리라 한다
나는 그 독이 선뜻 벗도 해할지 모른다 위협하고

독 안차고 살아도 머지않아 너 나 아주 가버리면
억만 세대가 그 뒤로 잠자코 흘러가고
나중에 땅덩이 모지라져 모래알이 될 것임을
<허무한데!> 독은 차서 무엇 하느냐고?

아! 내 세상에 태어났음을 원망 않고 보낸
어느 하루가 있었던가 <허무한데!> 허나

앞뒤로 덤비는 이리 승냥이 바야흐로 내 마음을 노리매
내 산 채 짐승의 밥이 되어 찢기우고 할퀴우라 내맡긴 신세임을

나는 독을 차고 선선히 가리라
막음 날 내 외로운 혼 건지기 위하여.

— ≪문장≫ 1939년 11월호

논개

변영로

거룩한 분노는
종교보다도 깊고
불붙은 정열은
사랑보다도 강하다
아! 강낭콩 꽃보다도 더 푸른
그 물결 위에
양귀비 꽃보다도 더 붉은
그 마음 흘러라.

아리땁던 그 아미蛾眉
높게 흔들리우며
그 석류 속 같은 입술
<죽음>을 입 맞추었네!
아, 강낭콩 꽃보다도 더 푸른
그 물결 위에
양귀비 꽃보다도 더 붉은
그 마음 흘러라.

흐르는 강물은
길이 길이 푸르리니

그대의 꽃다운 혼
어이 아니 붉으랴.
아! 강낭콩 꽃보다도 더 푸른
그 물결 위에
양귀비꽃보다도 더 붉은
그 마음 흘러라.

― ≪신생활≫ 1923년 4월호.

그 날이 오면

심 훈

그 날이 오면 그 날이 오면은
삼각산이 일어나 더덩실 춤이라도 추고
한강물이 뒤집혀 용솟음 칠 그 날이
이 목숨이 끊어지기 전에 와주기만 하량이면
나는 밤하늘에 날으는 까마귀와 같이
종로의 인경人磬을 머리로 들이받아 울리오리다.
두개골은 깨어져 산산조각이 나도
기뻐서 죽사오매 오히려 무슨 한이 남으오리까.

그 날이 와서 오오 그날이 와서
육조六曹 앞 넓은 길을 울며 뛰며 뒹굴어도
그래도 넘치는 기쁨에 가슴이 미어질 듯하거든
드는 칼로 이 몸의 가죽이라도 벗겨서
커다란 북鼓을 만들어 들쳐 메고는
여러 분의 행렬에 앞장을 서오리다.
우렁찬 그 소리를 한 번이라도 듣기만 하면
그 자리에 꺼꾸러져도 눈을 감겠소이다.

— 『심훈 전집』, 탐구당, 1965.

병든 서울

오장환

8월 15일 밤에 나는 병원에서 울었다.
너희들은 다 같은 기쁨에
내가 운 줄 알지만 그것은 새빨간 거짓말이다.
일본 천황의 방송도,
기쁨에 넘치는 소문도,
내게는 곧이가 들리지 않았다.
나는 그저 병든 탕아로
홀어머니 앞에서 죽는 것이 부끄럽고 원통하였다.

그러나 하루 아침 자고 깨니
이것은 너무나 가슴을 터치는 사실이었다.
기쁘다는 말,
에이 소용도 없는 말이다.
그저 울면서 두 주먹을 부르쥐고
나는 병원에서 뛰쳐나갔다.
그리고, 어째서 날마다 뛰쳐나간 것이냐.
큰 거리에는,
네거리에는, 누가 있느냐.
싱싱한 사람 굳건한 청년, 씩씩한 웃음이 있는 줄 알았다.

아, 저마다 손에 손에 깃발을 날리며
노래조차 없는 군중이 만세로 노래 부르며
이것도 하루 아침의 가벼운 흥분이라면……
병든 서울아, 나는 보았다.
언제나 눈물 없이 지날 수 없는 너의 거리마다
오늘은 더욱 짐승보다 더러운 심사에
눈깔에 불을 켜들고 날뛰는 장사치와
나다니는 사람에게
호기 있이 먼지를 씌워주는 무슨 본부, 무슨 본부,
무슨 당, 무슨 당의 자동차.

그렇다. 병든 서울아,
지난날에 네가, 이 잡놈 저 잡놈
모두 다 술 취한 놈들과 밤늦도록 어깨동무를 하다시피
아 다정한 서울아
나도 밑천을 털고 보면 그런 놈 중의 하나이다.
나라 없는 원통함에
에이, 나라 없는 우리들 청춘의 반항은 이러한 것이었다.
반항이여! 반항이여! 이 얼마나 눈물 나게 신명나는 일이냐

아름다운 서울, 사랑하는 그리고 정들은 나의 서울아
나는 조급히 병원 문에서 뛰어나온다.
포장 친 음식점, 다 썩은 구루마에 차려놓은 술장수
사뭇 돼지구융같이 늘어선
끝끝내 더러운 거릴지라도

아, 나의 뼈와 살은 이곳에서 굵어졌다.

병든 서울, 아름다운, 그리고 미칠 것 같은 나의 서울아
네 품에 아무리 춤추는 바보와 술 취한 망종이 다시 끓어도
나는 또 보았다.
그리고 나는 외친다.
우리 모든 인민의 이름으로
우리네 인민의 공통된 행복을 위하여
우리들은 얼마나 이것을 바라는 것이냐.
아, 인민의 힘으로 되는 새 나라

8월 15일, 9월 15일,
아니, 삼백예순날
나는 죽기가 싫다고 몸부림치면서 울겠다.
너희들은 모두 다 내가
시골구석에서 자식 땜에 아주 상해버린 홀어머니만을 위하여 우는 줄 아느냐.
아니다. 아니다. 나는 보고 싶다.
큰물이 지나간 서울의 하늘이……
그때는 맑게 개인 하늘에
젊은이의 그리는 씩씩한 꿈들이 흰구름처럼 떠도는 것을……

아름다운 서울, 사무치는, 그리고, 자랑스런 나의 서울아,
나라 없이 자라난 서른 해,

나는 고향까지 없었다.
그리고, 내가 길거리에 자빠져 죽는 날,
「그 곳은 넓은 하늘과 푸른 솔밭이나 잔디 한 뼘도 없는」
나의 가장 번화한 거리
종로의 뒷골목 썩은 냄새 나는 선술집 문턱으로 알았다.

그러나 나는 이처럼 살았다.
그리고 나의 반항은 잠시 끝났다.
아 그동안 슬픔에 울기만 하여 마냥 질척해지는 내 눈
아 그동안 독한 술과 끝없는 비굴과 절망에 문드러진 내 쓸개
내 눈깔을 뽑아버리라, 내 쓸개를 잡아떼어 길거리에 팽개치랴.

— 『병든 서울』, 미래사, 1991.

또 다른 고향

윤동주

고향에 돌아온 날 밤에
내 백골이 따라와 한방에 누웠다.

어둔 방은 우주로 통하고
하늘에선가 소리처럼 바람이 불어온다.

어둠 속에서 곱게 풍화 작용하는
백골을 들여다보며
눈물짓는 것이 내가 우는 것이냐

백골이 우는 것이냐
아름다운 혼이 우는 것이냐

지조 높은 개는
밤을 새워 어둠을 짖는다

어둠을 짖는 개는
나를 쫓는 것일 게다.

가자 가자
쫓기우는 사람처럼 가자

백골 몰래
아름다운 또 다른 고향에 가자.

— 『하늘과 바람과 별과 시』, 정음사, 1948.

빼앗긴 들에도 봄은 오는가

이상화

지금은 남의 땅 ―빼앗긴 들에도 봄은 오는가?

나는 온몸에 햇살을 받고
푸른 하늘 푸른 들이 맞붙은 곳으로
가르마 같은 논길을 따라 꿈속을 가듯 걸어만 간다.

입술을 다문 하늘아 들아.
내 맘에는 내 혼자 온 것 같지를 않구나.
네가 끄을었느냐 누가 부르더냐 답답워라 말을 해다오

바람은 내 귀에 속삭이며
한 자국도 섰지 마라 옷자락을 흔들고.
종다리는 울타리 넘어 아가씨같이 구름 뒤에서 반갑다 웃네.

고맙게 잘 자란 보리밭아
간 밤 자정이 넘어 내리던 고운 비로
너는 삼단 같은 머리털을 감았구나, 내 머리조차 가뿐하다.

혼자라도 가쁘게 나가자.
마른 논을 안고 도는 착한 도랑이

젖먹이 달래는 노래를 하고 제 혼자 어깨춤만 추고 가네.

나비 제비야 깝치지 마라.
맨드라미 들마 꽃에도 인사를 해야지.
아주까리기름을 바른 이가 지심 매던 그들이라도 보고 싶다.

내 손에 호미를 쥐어다오.
살찐 젖가슴과 같은 부드러운 이 흙을
발목이 시도록 밟아도 보고 좋은 땀조차 흘리고 싶다.

강가에 나온 아이와 같이
셈도 모르고 끝도 없이 닫는 내 혼아
무엇을 찾느냐 어디로 가느냐 우서웁다 답을 하려무나

나는 온몸에 풋내를 띠고
푸른 웃음 푸른 설움이 어우러진 사이로
다리를 절며 하루를 걷는다. 아마도 봄 신명이 잡혔나보다.

그러나 지금은 들을 빼앗겨 봄조차 빼앗기겠네.

— ≪개벽≫ 1926년 6월호..

광 야

이육사

까마득한 날에
하늘이 처음 열리고
어데 닭 우는 소리 들렸으랴.

모든 산맥들이
바다를 연모해 휘달릴 때도
차마 이곳을 범하던 못하였으리라.

끊임없는 광음을
부지런한 계절이 피어선 지고
큰 강물이 비로소 길을 열었다.

지금 눈 나리고
매화향기 홀로 아득하니
내 여기 가난한 노래의 씨를 뿌려라

다시 천고千古의 뒤에
백마 타고 오는 초인이 있어
이 광야에서 목 놓아 부르게 하리라.

— 『육사시집』, 서울출판사, 1946.

국토서시

조태일

발바닥이 다 닳아 새 살이 돋도록 우리는
우리의 땅을 밟을 수밖에 없는 일이다.

숨결이 다 타올라 새 숨결이 열리도록 우리는
우리의 하늘 밑을 서성일 수밖에 없는 일이다.

야윈 팔다리일망정 한껏 휘저어
슬픔도 기쁨도 한껏 가슴으로 맞대며 우리는
우리의 가락 속을 거닐 수밖에 없는 일이다.

버려진 땅에 돋아난 풀잎 하나에서부터
조용히 발버둥치는 돌멩이 하나에까지
이름도 없이 빈 벌판 빈 하늘에 뿌려진
저 혼에까지 저 숨결에까지 닿도록

우리는 우리의 삶을 불 지필 일이다.
우리는 우리의 숨결을 보탤 일이다.

일렁이는 피와 다 닳아진 살결과
허연 뼈까지를 통째로 보탤 일이다.

— 『국토』, 창작과 비평사, 1984.

| 테마 11 | 여성・여성성의 시

자전 I |강은교

위기의 여자 — 여성사 연구 6 |고정희

영자 |곽재구

물속의 여자들 |김선우

제목 없는 사랑 |김승희

딸을 낳던 기억 |김혜순

독수리의 시 |문정희

이불을 꿰매면서 |박노해

감자꽃 |이재무

Y를 위하여 |최승자

자전 I

강은교

날이 저문다.
먼 곳에서 빈 뜰이 넘어진다.
무한천공 바람 겹겹이
사람은 혼자 펄럭이고
조금씩 파도치는 거리의 집들
끝까지 남아있는 햇빛 하나가
어딜까 어딜까 도시를 끌고 간다.

날이 저문다.
날마다 우리나라에
아름다운 여자들은 떨어져 쌓인다.
잠 속에서도 빨리빨리 걸으며
침상 밖으로 흩어지는
모래는 끝없고
한 겹씩 벗겨지는 생사의
저 캄캄한 수세기를 향하여
아무도
자기의 살을 감출 수는 없다.

집이 흐느낀다.

날이 저문다.
바람에 갇혀.
일평생이 낙과落果처럼 흔들린다.

높은 지붕마다 남몰래
하늘의 넓은 시계소리를 걸어놓으며
광야에 쌓이는
아, 아름다운 모래의 여자들

부서지면서 우리는
가장 긴 그림자를 뒤에 남겼다.

— 『어느 미루나무의 새벽노래』, 동문선, 1988.

위기의 여자 -여성사 연구 6

고정희

여자 식으로 바둑판을 놨다가
남자 식으로 수를 두는 날들이 있었다
여자 식으로 씨를 뿌렸다가
남자 식으로 추수하는 날들이 있었다
여자 식으로 뿌리를 내렸다가
남자 식으로 꽃피는 날들이 있었다
남자 식으로 또 여자 식으로 커다란 대문에는 빗장을 지르고
담장을 넘어가는 가지를 잘랐다
이 온전한 평화
이 온전한 행복
그러나 어느 날
여자 식으로 사랑을 꿈꾸며
남자 식으로 살아가는 날들이
우아한 중년의 식탁 위에
검고 무서운 예감을 엎질렀다
어둡고 불길한 예감 속에는
산발한 유령들이 만찬을 즐기고
사랑의 과일들이 무덤으로 누워
피 묻은 달을 하관하고 있었다
먼데서 어른대는 황홀한 그림자

적막 속에 흔들이는 지상의 척도 ……

왜, 왜 사느냐고 메아리치는 강변에
여자 홀로 바라보는 배가 뜨고 있었다.

— 『뱀사골에서 쓴 편지』, 미래사, 1991.

영자

곽재구

스무살 적에 넌 내 첫사랑이었지
눈 화장을 하고 매니큐어를 하고
안녕하세요 파인 땡큐 영어를 하고
늘씬한 허리 쭉 뻗은 다리로
흔들흔들 내 앞을 스쳐가는 너는
그렇기 몰라보게 변한 네가
코쟁이의 노리개가 되기 전에
너는 영문과에 다니면서도 영어 한번
서울말 한번 쓰지 않던 해맑은
쑥부쟁이 전라도 촌년이었지
손거울 하나 맞춤옷 한 벌 갖지 못하고
그 흔한 파마 한번 하지 못하고
낙숫물이 새는 야학에서
코리언 보이스 비 앰비셔스
칠판 위에 또박또박 적던 너를
나는 안다 네 마음이 미친 것이 아니라
보이지 않는 우리들의 슬픔이 너를
한꺼번에 미치게 했음을
숨 쉴 수 없는 우리들의 헐벗은 그리움이
너를 한꺼번에 돌게 했음을

교환교수 코쟁이 양놈 팔에 매달리며
두 달 후면 한국을 떠나요
깔깔대며 내 앞을 스쳐가는 너는
그리운 내 스무 살의 첫사랑이었지.

— 『사평역에서』, 창작과 비평사, 1983.

물속의 여자들

김선우

늦봄 저수지 둑 위에 앉아
물속을 오래 들여다보면
거기 무슨 잔치 벌였는지
북소리 징소리 어깨춤 법석입니다.

바리공주 방울 흔들어 수문 열리자
시루떡 찌고 있는 명성왕후가 보입니다.
구름이 내려와 멍석을 펼치고
축문을 쓰고 있는 황진이 쪽찐 머리
가르마 따라 흰 새 날고 바람 불어옵니다.
난설헌이 어린 남매를 위해 소지를 사르다가
문득 눈을 들어 감나무를 봅니다.
우듬지에 걸려 펄럭이는 나비연
황진이가 다가와 장옷을 걸쳐줍니다
두 여자 마주보고 하하 웃습니다
명성황후 다가와 붉은 석류를 내밉니다
석류알 새금새금 발라 먹으며
세 여자 찡그려 하하하 웃습니다
물보라 치는 눈물,

이승을 혼자 노닐다 온 여자들이
휘모리 장단을 칩니다 지전 흩어지고
까치밥마냥 미쳐서
술잔 속에 한 하늘이 천년을 헤매었습니다

물 속에 웬 잔치 벌였는고?
어머니 입 속에 상추쌈 넣어드리니
저수지의 봄날이 호득 깊어갑니다

— 『내 혀가 입속에 갇혀 있길 거부한다면』, 창작과 비평사, 2000.

제목 없는 사랑

김승희

죽어 버릴까.
아니면 이 불행한 삶을
계속해야 하나
해질 무렵이면
언제나 화두처럼 떠오르는 이 질문을
가슴에 안고
아가를 업은 나는 골목을 서성인다.

이혼을 할까,
아니면 이 우울한 결혼을 계속할 것인가,
가령 이 질문은 언제나 그 질문과 같아서
서울에서 가장 붐비는
롯데백화점 앞 네거리 스타트라인 위에서
갑자기 시동이 꺼져 버린 중고차처럼
사방에서 경음기소리가 들려오는데
혼자서 울고만 싶은 백치성이 있다.

절망 때문에 결혼을 하여
그 절망을 두 배로 만들고
허무 때문에 자식을 낳아

그 허무를 두 배로 만들었으니

자꾸만 약효가 안 듣는 약을
자가처방하고 있는
너를 무엇이라고 불러야 하나.
해질 무렵이면
약방의 진열대 뒤에 서서
자꾸만 이름 모를 약을 조제하고 있는
하얀 슬픔의 가운을 걸친
너를,
약효를 남 먼저 시험해 보느라고
두 눈을 감고 자꾸만 쓰디쓴 약을
삼켜 보고 있는 너를.

아가를 업고
서성이는 골목길 안에서
나는 너 때문에 눈시울이 뜨거워진다.
네가 만든 영화 속에
나는 몹시 아픈 환자의 역할을 맡은
약물시음용 배우인 것만 같다.

— 『달걀 속의 생』, 문학사상사, 1989.

딸을 낳던 기억 -판소리 사설조로

김혜순

거울을 열고 들어가니
거울 안에 어머니가 앉아 계시고
거울 열고 다시 들어가니
그 거울 안에 외할머니가 앉으셨고
외할머니 앉은 거울을 밀고 문턱을 넘으니
거울 안에 외증조할머니 웃고 계시고
외증조할머니 웃으시던 입술 안으로 고개를 들이미니
그 거울 안에 나보다 젊으신 외고조할머니
돌아 앉으셨고
그 거울을 열고 들어가니
또 들어가니
또 다시 들어가니
점점점 어두워지는 거울 속에
모든 웃대조 어머니들 앉으셨는데
그 모든 어머니들 나를 향해
엄마 엄마 부르며 혹은 중얼거리며
입을 오물거려 젖을 달라고 외치며 달겨드는데
젖은 안 나오고 누군가 자꾸 창자에
바람을 넣고
내 배는 풍선보다

더 커져서 바다 위로
이리 둥실 저리 둥실 불리워 다니고
거울 속은 넓고 넓어
지푸라기 하나 안 잡히고
번개가 가끔 내 몸 속을 지나가고
바닷속에 자맥질해 들어갈 때마다
바다 밑 땅 위에선 모든 어머니들의
신발이 한가로이 녹고 있는데
청천벽력.
정전. 암흑천지.
순간 모든 거울들 내 앞으로 한꺼번에 쏟아지며
깨어지며 한 어머니를 토해내니
흰 옷 입은 사람 여럿이 장갑 낀 손으로
거울 조각들을 치우며 피 묻고 눈 감은
모든 내 어머니들의 어머니
조그만 어머니를 들어올리며
말하길 손가락이 열 개 달린 공주요!

—『아버지가 세운 허수아비』, 문학과지성사, 1985.

독수리의 시

문정희

눈알 속에 불이 담긴 맹금
나는 부리로 허공을 쪼던 독수리였는지도 몰라

나는 칼 잡는 여자!
도마 위에 날것을 얹어놓고 수없는 상처를 내고
자르고 썰고 토막치고 살았지
불로 끓이고 지지고 볶고 살았지

나는 한 달에 한 번 피를 보는 여자!
제 몸을 찢어 아이를 낳아 사람으로 키우지
내가 시인이 된 것은 당연한 일!
다리미가 뜨거워지기를 기다리는 동안 책을 읽고*
찌개가 끓는 동안 글을 썼지
밤이 되면 남자가 아니라
허물 벗은 자신의 맨살을 만지며
김치의 숙성처럼 스스로 익어가는 목소리를 기다렸지

나는 알고 있지
적과 동지를 구별하는 기교가 아니라
내가 나를 키우는 자궁의 시간을

그 무엇도 아닌 자신의 피로 쓰는
천년 독수리의 시 쓰는 법을

*에이드리언 리치: 미국의 여성시인

—≪문학수첩≫, 2008년 가을호.

이불을 꿰매면서

박노해

이불홑청을 꿰매면서
속옷 빨래를 하면서
나는 부끄러움의 가슴을 친다

똑같이 공장에서 돌아와 자정이 넘도록
설거지에 방청소에 고추장단지 뚜껑까지
마무리하는 아내에게
나는 그저 밥 달라 물 달라 옷 달라 시켰었다

동료들과 노조일을 하고부터
거만하고 전제적인 기업주의 짓거리가
대접받는 남편의 이름으로
아내에게 자행되고 있음을 아프게 직시한다

명령하는 남자, 순종하는 여자라고
세상이 가르쳐 준 대로
아내를 야금야금 갉아먹으면서
나는 성실한 모범 근로자였었다

노조를 만들면서

저들의 칭찬과 모범표창이
고양이 꼬리에 매단 방울소리임을,
근로자를 가족처럼 사랑하는 보살핌이
허울 좋은 솜사탕임을 똑똑히 깨달았다

편리한 이론과 절대적 권위와 상식으로 포장된
몸서리쳐지는 이윤추구처럼
나 역시 아내를 착취하고
가정의 독재자가 되었었다

투쟁이 깊어 갈수록 실천 속에서
나는 저들의 찌꺼기를 배설해낸다
노동자는 이윤 낳는 기계가 아닌 것처럼
아내는 나의 몸종이 아니고
평등하게 사랑하는 친구이며 부부라는 것을
우리의 모든 관계는 신뢰와 존중과
민주주의적이어야 한다는 것을
잔업 끝내고 돌아올 아내를 기다리며
이불 홑청을 꿰매면서
아픈 각성의 바늘을 찌른다

— 『노동의 새벽』, 풀빛, 1984.

감자꽃

이재무

꽃피어 더욱 서러운 여자.
자주색 고름 물어뜯으며 눈으로 웃고
마음으론 울고 있구나 향기는,
저 건너 마을 장다리꽃 만나고 온
건달 같은 바람에게 다 앗겨버리고
아무도 눈길 주지 않는, 비탈
오지에 서서 해종일 누구를 기다리는가
세상의 모든 꽃들 생산에 저리 분주하고
눈부신 생의 환희 앓고 있는데
불임의 차라리 피지나 말걸 감자꽃
여자. 내 길고긴 여정의
모퉁이에서 때 묻은 발목 잡고
퍼런 젊음이 분하고 억울해서 우는
내 여자. 노을 속 찬란한 비애여
차라리 피지나 말걸, 감자꽃
꽃피어 더욱 서러운 여자

—『위대한 식사』, 천년의 시작, 2004.

Y를 위하여

최승자

너는 날 버렸지
이젠 헤어지자고
너는 날 버렸지
산 속에서 바닷가에서
너는 날 버렸지

수술대 위에 다리를 벌리고 누웠을 때
시멘트 지붕을 뚫고 하늘이 보이고
날아가는 새들의 폐벽에 가득 찬 공기도 보였어

하나 둘 셋 넷 다섯도 못 넘기고
지붕도 하늘도 새도 보이잖고
그러나 난 죽으면서 보았어
나와 내 아이가 이 도시의 시궁창 속으로 시궁창 속으로
세월의 자궁 속으로 한없이 흘러가던 것을
그때부터야
나는 이 지상에 한 무덤으로 누워 하늘을 바라고
나의 아이는 하늘을 날아다닌다
올챙이꼬리 같은 지느러미를 달고
나쁜 놈, 난 널 죽여 버리고 말 거야

널 내 속에서 다시 낳고야 말거야
내 아이는 드센 바람에 불려 지상에 떨어지며
또다시 떠나가지 저 차가운 하늘 바다로,
올챙이꼬리 같은 지느러미를 달고
오 개새끼
못 잊어!

— 『즐거운 일기』, 문학과 지성사, 1984.

| 테마 12 | 영상 • 사이버의 시

또 하나의 타이타닉 호 | 김혜순

전함 포템킨 — 영화사회학 | 유 하

PC — 서시 | 이 원

상상 임신에서 가상 섹스까지 | 이승하

샴푸의 요정 | 장정일

세속 도시의 즐거움 1 | 최승호

Personal Computer | 최영미

비디오/퍼스널 컴퓨터 | 하재봉

오우가 — 텔레비전 · 1 | 함민복

새들도 세상을 뜨는구나 | 황지우

또 하나의 타이타닉 호

김혜순

솥이 된 '또 하나의 타이타닉호'
1911년 건조되었고, 선적지는 사우샘프턴
속력으로 22노트, 여객선, 한 번 항해에 2천 명 이상 탑승한 경력
내가 결혼한 해에 해체되었으며
지금은 빵 굽는 토스터, 아니면 주전자, 중국식 프라이팬,
한국식 압력 밥솥이 되었다
상처투성이의 큰 짐승
육지 생활에 여전히 적응 못 하는 퇴역 선장
그래서 솥이 되어서도
늘 말썽이 잦다
나는 밥하기 싫은 참에 압력 밥솥 회사에 항의 전화를 걸었다
자꾸 김이 새잖아요?
내가 씻은 쌀이 도대체 몇 톤이나 될까. 새벽에 일어나 쌀을 씻고, 식탁을 차리고, 다시 쌀을 씻고, 솥을 닦고, 숟가락을 닦고, 화장실을 닦고, 다시 쌀을 씻는다. 닭의 뱃속에 붙은 기름을 긁어내고, 쌀을 씻고, 생선의 내장을 꺼내고, 파를 다진다. 다시 쌀을 씻는다. 망망대
해를 떠가는 배, '또 하나의 타이타닉'표 압력 밥솥, 과연 이것이 나의 항해인가. 리플레이, 리플레이, 리플레이

우리 집에 정박한 한국식 압력 밥솥 '또 하나의 타이타닉호'
불쌍해라, 부엌을 벗어난 적이 없다
밥하는 거 지겨워
설거지하는 거 지겨워
그럼 그것도 안 하면 뭐 할 건데?
압력 밥솥이 내게 물었다
뱀처럼 밥 먹고 입을 쓰윽 닦지
내가 대답했다
영사기에서 쏟아지는 빛처럼 가스 불이 솥을 에워싸자 파도가 끓는다
스크린처럼 하얀 빙산에 배가 부딪힐 때
밤 바다로 쏟아져 들어가는 내 나날의 이미지
물에 잠겨서도 환하게 불켜고
필름처럼 둥글게 영속하는 천 개의 방
느리디 느린 디졸브로
솥이 된 여자, 그 여자가
곧, 스타들과 엑스트라들이 끓어오르는 흰 파도 속에서 잦아든다
그 이름 '또 하나의 타이타닉호'
화이트 스타 선박회사 건조
수심 4천 미터 속 부엌을 천천히 걸어다니며
짙푸른 바닷속에 붉은 녹을 풀어 넣고 있다.

— 『달력 공장 공장장님 보세요』, 문학과 지성사, 2000.

전함 포템킨 — 영화 사회학

유 하

몽타쥐 기법의 마술사
에이젠슈타인이 만든
세계영화사상 불후의 명작
전함 포템킨
특히 오뎃사 계단 위의 군중 학살 장면은
몽타쥐의 진수를 보여준다
발포하는 코자크 병사들
계단 위에 피흘리며 뒹구는 군중들

우리나라 영화학도들은
그 장면을 바이블처럼 뒤적이며
몽타쥐를 배운다
같은 학살의 경험이 있는
우리나라 몽타쥐의 발전을 위해

진실을 요리조리 빠져나가는
약삭빠른 다람쥐
우리나라 몽타쥐

— 『무림일기』, 중앙일보사, 1989.

PC －서시

이 원

'너'가 있어 호흡했던 세월의 공기를 '너'에게 다시 보낸다 내려야 할 곳을 한참 지나와버린 곳까지 끌고 와 헉헉대며 이곳에서 보낸다 끝까지 가지 못한 길의 한 모퉁이에서 놓쳐버렸던 나의 발이여 한줌의 공기여 나는 그 순간의 '나'를 눌러 그 세월을 프린트하기 시작한다 간혹 빛바랬거나 지워진 곳들도 있다 호흡을 중단했던 곳에서는 잠깐 프린트가 중단되기도 한다 그러나 심장이 그곳들을 기억한다 잠시 그 세월의 심장 속에 '나'를 담근다 캄캄함 한가운데로 시간의 커서가 내려가고 있다 온몸이 차다 숨이 막힌다 닿아야 할 그곳에 닿기 전에 기어이 종료 키를 누른다 캄캄한 모니터 화면 속으로 수평선이 무너지고 있다 그 수평선 속의 공기인 매듭을 '너'에게 보낸다

－『그들이 지구를 배반했을 때』, 문학과 지성사, 1996.

상상 임신에서 가상 섹스까지

이승하

프랑스, 미국 등에서 개발 완료 단계에 접어든 가상 섹스는 ▲3차원 영상과 생생한 현장음을 만끽할 수 있는 기기를 머리에 쓰고 ▲몸의 상태를 점검, 컴퓨터로 전달하는 특수복을 입고 ▲컴퓨터의 지시에 따라 자극을 주는 장비를 손에 부착, 컴퓨터의 명령에 따르면 실제와 같은 행위에 몰입할 수 있다

「미래의 섹스」로까지 불리는 가상 섹스를 놓고 성문란으로 인한 AIDS 등의 부작용을 없앨 수 있다는 긍정적인 평가가 나오고 일부에서는 비도덕적이라고 비난하는 등 찬반양론까지 일고 있다.

— 한국일보, 1994년 3월 15일자 11면에서

莊子여
그때도 상상 임신이란 게 있었습니까
마침내
가상 섹스cybersex의 시대가 도래했습니다
사람이
기계와 더불어 '실제처럼' 생생하게
교접할 수 있는 세상이
먼 미래가 아니라
현실이라 합니다

과학 기술의 눈부신 발전이
이제는

홀아비도 외롭지 않게
과학주의와 기술 결정론이
이제는
미망인도 서럽지 않게
오오, 莊子여

기계가 있으면 꾀를 부리게 되고
꾀를 부리면 마음도 천성을 잃고
道를 저버린다고 하신
莊子여
저희는 이제
인공 수정·시험관 아기의 시대를 지나서
가상 섹스의 시대로
막 돌입하고 있습니다

올 때가 온 것인지
갈 때까지 간 것인지
어디까지 갈 것인지
저도 모르겠습니다만 황천에서
그렇게 발작적으로 웃지 마시고
계속 지켜보아 주십시오
가상현실virtual reality 기법이 실용화되는
이 컴퓨토피아의 세계를.

— 『생명에서 물건으로』, 문학과 지성사, 1995.

샴푸의 요정

장정일

사내는 추리극장이 싫다. 국내 소식이
싫고 운동경기가 싫고 문제의 외화가
싫다. 안 본다. 그리고 방송 출연하는
많은 다른 여인들이 역겹다. 나는 그녀만을 본다.
여덟 시 반의 그녀를 기다린다. 보시겠습니까
15초 동안 그녀는 샴푸회사를 위해
광고하지요. 보시겠습니까

그녀는 인사를 잘한다. 안녕하셔요
그녀는 미소 띠며 속삭인다
파란 물방울무늬 잠옷을 입고
그녀는 머리를 감아 보인다. 무지개를 실은
동글동글한 거품이 티브이 화면을 완전히
메운다. 그러면 샴푸의 요정이 속삭이는 거지
새로 나온 샴푸, 당신이 결정한 샴푸라고
향기가 좋은 샴푸, 세계인이 함께 쓰는 샴푸
아마 당신은 사랑에 빠질 거예요
라고 속삭이는 것이지

미용주식회사가 있다. 아시아 굴지의
미용주식회사가 있다. 그리고

우리들에겐 요정이 있다. 현존하는 유일한 요정
매일 저녁 여덟 시 반, 티브이 화면을 찢으며
우리 곁에 날아오는 샴푸의 요정. 그녀는 15초 동안 지껄이고
캄캄한 화면 뒤로 사라진다. 여덟 시 반.
매일 저녁 여덟 시 반에는 그녀가
출연하는 광고가 있다. 기다려 주세요

광고가 끝나면 사내는 무기력하게
티브이를 꺼 버린다. 매일 15초가 필요할 뿐
사내는 사진을 들여다본다. 짝사랑하는
그녀 사진을 사내는 모은다. 방에 붙이기도 한다
흰 이를 드러내고 웃는 모습. 수영복을 입은 모습
승마복을 멋지게 입은 사진을 그는 모은다.
그리고 칼에 대어 잘라낸다. 샴푸의 요정이
어느 영화에 출연해서 보여주는
곧 입술이 닿으려는 찰나의 남자 배우 입술을
면도날로 잘라낸다.

선전 문안에 들끓는 밤 열 한 시
나지막이 샴푸의 요정이 속삭이지 않는가
그녀의 노래가 귓전에 맴돌지 않는가.
쓰세요, 쓰세요, 사랑의 향기를
느껴 보세요. 그리고 그녀의 약속이
가슴 속에 고동치지 않는가. 오늘 밤
당신을 찾아가겠어요, 광고 속에서
그녀는 약속을 했었지. 욕망이 들끓는 사내의 머리통

옷을 벗는 요정. 담뱃불 자국이 송송한 소파에
비스듬히 눕는 요정. 신비스레 신비스레
가라앉는 요정. 뜨거운 입술로
이리 오세요 예쁜 아기, 속살거리는 요정
환영이 들끓는 밤 열 두 시, 이윽고 샴푸의 요정은
그의 머리를 끌어당겨
냄새를 맡아본다. 제가 권한 것을 쓰셨겠지요
물론 그리하셨겠지요?

0시 30분. 사내는 샴푸가 아닌
다른 이야기가 하고 싶다. 그러나 그녀는 실내화를 끌며
얼마나 잽싸게 달아나는가. 참 잘 하셨어요
샴푸는 역시 우리 것이 최고랍니다. 계속
애용해 주세요. 분홍빛 잠옷을 끌며
샴푸의 요정은 사라진다. 아아
좀더 있어 주세요! 좀더!

꿈에서 깨어나
사내는 타자기를 두드려댄다.
딱딱딱딱딱
굴지의 미용주식회사가 있다.
그리고 현존하는 유일한 요정은
샴푸요정이다.

— 『햄버거에 대한 명상』, 민음사, 1987.

세속 도시의 즐거움 1

최승호

일류배우가 하기엔
민망한 섹스 신을
그 단역배우가 대신한다
은막에 통닭처럼
알몸으로 던져지는 여인
얼굴 없는 몸뚱이로 팔려다니며
관능을 퍼덕거리는

하여 극장의 어둠 속엔
나, 관객이 있다
幻으로 배 불러오는 욕정과
幻이 불러일으키는 흥분이 있다
눈앞의 시간이
토막 난 채 흘러가는 필름이고
텅 빈 은막 위에 요동치는 것들이
幻인 줄 알면서 나는 幻에 취해
실감나게 펼쳐지는 幻을 끝까지 본다
내 망막의 은막이 텅 빌 때까지
눈에서 나온 혓바닥이 멸할 때까지

— 『세속 도시의 즐거움』, 세계사, 1990.

Personal Computer

최영미

새로운 시간을 입력하세요
그는 점잖게 말한다

노련한 공화국처럼
품안의 계집처럼
그는 부드럽게 명령한다
준비가 됐으면 아무 키나 누르세요
그는 관대하기까지 하다

연습을 계속할까요 아니면
메뉴로 돌아갈까요?
그는 물어볼 줄도 안다
잘못되었거나 없습니다

그는 항상 빠져나갈 키를 갖고 있다
능란한 외교관처럼 모든 걸 알고 있고
아무것도 모른다

이 파일엔 접근할 수 없습니다
때때로 그는 정중히 거절한다

그렇게 그는 길들인다
자기 앞에 무릎 꿇은, 오른손 왼손
빨간 매니큐어 14K 다이아 살찐 손
기름때 꾀죄죄한 소온,
솔솔 꺾어
길들인다

답답한 그는 가끔 바이러스에 걸리기도 하는데
그럴 때마다 쿠데타를 꿈꾼다

돌아가십시오! 화면의 초기상태로
그대가 비롯된 곳, 그대의 뿌리, 그대의 고향으로
낚시터로 강단으로 공장으로
모오두 돌아가십시오.

이 기록을 삭제해도 될까요?
친절하게도 그는 유감스런 과거를 지워준다
깨끗이, 없었던 듯, 없애준다

우리의 시간과 정열을, 그대에게

어쨌든 그는 매우 인간적이다
필요할 때 늘 곁에서 깜박거리는
친구보다도 낫다

애인보다도 낫다
말은 없어도 알아서 챙겨주는
그 앞에서 한없이 착해지고픈
이게 사랑이라면
아아 **컴―퓨―터**와 **씹**할 수만 있다면!

―『서른, 잔치는 끝났다』, 창작과 비평사, 1994.

비디오/퍼스널 컴퓨터

하재봉

나의 사유는 16비트 컴퓨터의 스위치를 올리는 순간부터 작동된다
모니터의 녹색 화면에 불이 켜지고
뇌하수체의 분비물이 허용치를 넘어 적신호가 울릴 때까지
키보드를 두드리는 나의 손은 검다
부화되지 못한 욕망과 도덕적 관점에서 비난받아 마땅할
내 개인적 삶의 흔적은
컴퓨터 파일 [삭제] 키를 누르기만 하면 사라진다
나의 하루는 컴퓨터 스위치를 올리는 것
그리고 끊임없이 기록하고 기억을 저장시키는 것
세계는, 손 안에 있다
나는 컴퓨터 단말기를 통하여 지상의 모든 도시와
땅 밑의 태양 그리고 미래의 태아들까지 연결된다
나의 두 눈은 환한 불을 켜고 있는 TV
나의 심장은 거대하게 돌아가고 있는 공장의 발전실
모든 것은 개인용 컴퓨터의 스위치를 올려야만 움직이기 시작한다
전기를 공급하는 것은 그러나 그대의 의지
나는, 내 몸 속으로 힘을 공급해주는 누군가에 의해 사육된다

— 『비디오/천국』, 문학과 지성사, 1990.

오우가 – 텔레비전 · 1

함민복

텔레비전을 아버지라 부르고 싶다
(한때 테레비가 부의 상징이기도 했었다)
테레비가 가족을 침묵시키고 둘러앉게 한다
가족 중 테레비와 가장 많은 시간을 보낸다
테레비는 아버지처럼 맘도 넓다
말씀 좀 크게 하시죠
리모컨으로 삿대질을 하면－오냐－〉〉→〉〉〉.
또 말씀의 자장가를 베고 잠들 때도 있지만
자상하여라 오늘은 우산을 가지고 나가거라
남북통일 문제는 어떻게 되어가고 있죠
통일전망대와 난폭운전 365일 보면 안다
가장, 우리 생활의 통솔자 테레비는
일 안하고 앉아서 돈 벌려고 하는 시대에
두 발로 뛰어 돈 번 황영조 선수의 감동과
때론 익은 범죄자가 고개 숙이는 모습을 보여주고
자유만 가지고 못 살겠다 빵이 아니면 죽음을 달라
는 모스크바 시민들과
국회, 어른들 싸움이 애들 싸움되는 것도 보여주고
대통령 선거의 당락을 결정하기도 하니
칭송받아 마땅한 테레비의 빛나는 위력으로

저를 이렇게까지 길러주신 테레비님께 감사하며
어머니 테레비를 갖다가 버릴까요
독서가 잘 안되서 그러는데요
나는 요따위로 싸가지 없이 불효막심하게
말할 수도 없다 테레비가 정말 나의 아버지인가
그렇다면 나는 꼭 테레비를 모시고 있어야 한다
이 테레비 없는 후레자식
네 테레비가 널 그렇게 가르치디
요딴 소리를 듣지 않기 위해서라도
지성의 시대는 끝났다 잡성의 시대에
테레비가 없다면, 끔직한 상상이지만
나는 무엇을 스승으로 삼고 즐거워하고 슬퍼하고
간지러움, 강제의 웃음이라도 웃을 수 있겠는가
강시처럼 뛰어가는 캥거루를 어떻게 볼 것이며
사이다처럼 시원한 장백폭포를 어떻게 느낄 것인가
내 대신 춤추고 노래하고 내 대신
절망하는 슬프기까지 한 브라운 관이 없다면
공동화제의 빈곤으로 다른 사람들을
어찌 만날 것이며
이 산골에서 어떻게 계절에 맞춰 외출복을 입고
시내에 나갈 수 있을까
뉴스 끝에 보여주는 고궁을 거니는 연인들의 옷을 보고
아아 무엇보다도
지상 최대의 투기꾼들, 한평생으로 영생을 얻으려는
도박다운 도박을 즐길 줄 아는 사람들

교회로 몰려가는 일요일 나는 무슨 재미로
휴식의 하루를 보낼 수 있단 말인가
아, 고마워라 고마운 테레비
엑설런트, 미라클, 임팩트, 내소날,
이제 나는 어버이날 테레비에게 카네이션을 달아드리련다
아흔아홉 마리의 사면발이보다 길 잃은
한 마리의 사면발이를 구해줄 테레비여
창녀촌의 의자가 길을 향해 가지런히 있듯
내 의식을 심플하게 정리해줄
아버지처럼 소중한 나의 친구 테레비여

— 『자본주의의 약속』, 세계사, 1993.

새들도 세상을 뜨는구나

황지우

영화가 시작하기 전에 우리는
일제히 일어나 애국가를 경청한다
삼천리 화려 강산의
을숙도에서 일정한 군群을 이루며
갈대숲을 이룩하는 흰 새떼들이
자기들끼리 끼룩거리면서
자기들끼리 낄낄대면서
일렬 이렬 삼렬 횡대로 자기들의 세상을
이 세상에서 떼어 메고
이 세상 밖 어디론가 날아간다
우리도 우리들끼리
낄낄대면서
깔쭉대면서
우리의 대열을 이루며
한 세상 떼어 메고
이 세상 밖 어디론가 날아갔으면
하는데 대한 사람 대한으로
길이 보전하세로
각각 자기 자리에 앉는다
주저앉는다

— 『새들도 세상을 뜨는구나』, 문학과 지성사, 1983.

| 테마 13 | 이별 · 죽음 · 구원의 시

문의 마을에 가서

고 은

겨울 문의文義에 가서 보았다.
거기까지 닿은 길이
몇 갈래의 길과
가까스로 만나는 것을.
죽음은 죽음만큼 길이 적막하기를 바란다.
마른 소리로 한 번씩 귀를 닫고
길들은 저마다 추운 쪽으로 뻗는구나.
그러나 삶은 길에서 돌아가
잠든 마을에 재를 날리고
문득 팔짱 끼어서
먼 산이 너무 가깝구나.
눈이여, 죽음을 덮고 또 무엇을 덮겠느냐.

겨울 문의에 가서 보았다.
죽음이 삶을 껴안은 채
한 죽음을 받는 것을.
끝까지 사절하다가
죽음은 인기척을 듣고
저만큼 가서 뒤를 돌아다본다
모든 것은 낮아서

이 세상에 눈이 내리고
아무리 돌을 던져도 죽음에 맞지 않는다.
겨울 문의여, 눈이 죽음을 덮고 또 무엇을 덮겠느냐.

— 『문의 마을에 가서』, 민음사, 1974.

초혼

김소월

산산이 부서진 이름이여!
허공중에 헤어진 이름이여!
불러도 주인 없는 이름이여!
부르다가 내가 죽을 이름이여!

심중에 남아 있는 말 한마디는
끝끝내 마저 하지 못하였구나.
사랑하던 그 사람이여!
사랑하던 그 사람이여!

붉은 해는 서산마루에 걸리었다.
사슴의 무리도 슬피 운다.
떨어져 나가 앉은 산 위에서
나는 그대의 이름을 부르노라.

설움에 겹도록 부르노라.
설움에 겹도록 부르노라.
부르는 소리는 비껴가지만
하늘과 땅 사이가 너무 넓구나.

선 채로 이 자리에 돌이 되어도
부르다가 내가 죽을 이름이여!
사랑하던 그 사람이여!
사랑하던 그 사람이여!

— 『진달래꽃』, 매문사, 1925.

가을의 기도

김현승

가을에는
기도하게 하소서…….
낙엽들이 지는 때를 기다려 내게 주신
겸허한 모국어로 나를 채우소서.

가을에는
사랑하게 하소서…….
오직 한 사람을 택하게 하소서.
가장 아름다운 열매를 위하여 이 비옥한
시간을 가꾸게 하소서.

가을에는
호올로 있게 하소서…….
나의 영혼,
굽이치는 바다와
백합의 골짜기를 지나,
마른 나뭇가지 위에 다다른 까마귀같이

— 『가을의 기도』, 미래사, 1991.

하관

박목월

관이 내렸다.
깊은 가슴 안에 밧줄로 달아 내리듯.
주여,
용납하옵소서.
머리맡에 성경을 얹어 주고
나는 옷자락에 흙을 받아
좌르르 하직했다.

그 후로
그를 꿈에서 만났다.
턱이 긴 얼굴이 나를 돌아보고
형님!
불렀다.
오오냐. 나는 전신으로 대답했다.
그래도 그는 못 들었으리라.
이제
네 음성을
나만 듣는 여기는 눈과 비가 오는 세상.

너는

어디로 갔느냐
그 어질고 안쓰럽고 다정한 눈짓을 하고.
형님!
부르는 목소리는 들리는데
내 목소리는 미치지 못하는
다만 여기는
열매가 떨어지면
툭 하는 소리가 들리는 세상.

— 『란·기타』, 신구문화사, 1959.

사死의 예찬

박종화

보라!
때 아니라, 지금은 그때 아니다.
그러나 보라!
살과 혼
화려한 오색의 빛으로 얽어서 짜 놓은
훈향薰香내 높은
환상의 꿈터를 넘어서.

검은 옷을 해골 위에 걸고
말없이 주토朱土빛 흙을 밟는 무리를 보라.
이곳에 생명이 있나니
이곳에 참이 있나니
장엄한 칠흑漆黑의 하늘, 경건한 주토의 거리
해골! 무언無言!
번쩍거리는 진리는 이곳에 있지 아니하냐.
아, 그렇다 영겁永劫 위에.

젊은 사람의 무리야!
모든 새로운 살림을
이 세상 위에 세우려는 사람의 무리야!

부르짖어라, 그대들의
얇으나 강한 성대가
찢어져 해이解弛될 때까지 부르짖어라.

격분에 뛰는 빨간 염통이 터져
아름다운 피를 뿜고 넘어질 때까지
힘껏 성내어 보아라
그러나 얻을 수 없나니,
그것은 흐트러진 만화경萬華鏡 조각
아지 못할 한때의 꿈자리이다.
마른 나뭇가지에
고웁게 물들인 종이로 꽃을 만들어
가지마다 걸고
봄이라 노래하고 춤추고 웃으나
바람 부는 그 밤이 다시 오면은
눈물 나는 그 날이 다시 오면은
허무한 그 밤의 시름 또 어찌하랴?
얻을 수 없나니, 참을 얻을 수 없나니
분 먹인 얇다란 종이 하나로.

온갖 추예醜穢를 가리운 이 시절에
진리의 빛을 볼 수 없나니
아, 돌아가자.
살과 혼
훈향 내 높은 환상의 꿈터를 넘어서

거룩한 해골의 무리
말없이 걷는
칠흑의 하늘, 주토의 거리로 돌아가자.

—≪백조≫ 3호, 1923년.

공기의 꿈 1

손종호

비어 있음으로
오히려 가득 채우는
보이지 않음으로
오히려 내 심장을 숨 쉬게 하는

하늘 높이 푸른 살을 적시고
가장 낮은 땅
풀잎 외로움 하나에도
고요히 뺨을 부비는

시간도
공간도 다 비껴서서
거저 세상에 열어놓은
투명한 사랑
그리고
문

— 『그대의 벽지』, 문학사상사, 1984.

낙화

이형기

가야 할 때가 언제인가를
분명히 알고 가는 이의
뒷모습은 얼마나 아름다운가.

봄 한철
격정을 인내한
나의 사랑은 지고 있다.

분분한 낙화 ……
결별이 이룩하는 축복에 싸여
지금은 가야 할 때.

무성한 녹음과 그리고
머지않아 열매 맺는
가을을 향하여

나의 청춘은 꽃답게 죽는다.

헤어지자
섬세한 손길을 흔들며

하롱하롱 꽃잎이 지는 어느 날

나의 사랑, 나의 결별
샘터에 물 고이듯 성숙하는
내 영혼의 슬픈 눈.

— 『낙화』, 연기사, 2002.

유리창 1

정지용

유리에 차고 슬픈 것이 어른거린다.
열없이 붙어 서서 입김을 흐리우니
길들은양 언 날개를 파닥거린다.
지우고 보고 지우고 보아도
새까만 밤이 밀려 나가고 밀려와 부딪치고,
물먹은 별이, 반짝, 보석처럼 박힌다.
밤에 홀로 유리를 닦는 것은
외로운 황홀한 심사이어니,
고운 폐혈관이 찢어진 채로
아아, 너는 산새처럼 날아갔구나!

— 『정지용 전집 1 시』, 민음사, 1988.

슬픔이 기쁨에게

정호승

나는 이제 너에게도 슬픔을 주겠다.
사랑보다 소중한 슬픔을 주겠다.
겨울밤 거리에서 귤 몇개 놓고
살아온 추위와 떨고 있는 할머니에게
귤값을 깎으면서 기뻐하던 너를 위하여
나는 슬픔의 평등한 얼굴을 보여 주겠다.
내가 어둠 속에서 너를 부를 때
단 한 번도 평등하게 웃어 주질 않은
가마니에 덮인 동사자가 다시 얼어 죽을 때
가마니 한 장조차 덮어주지 않은
무관심한 너의 사랑을 위해
흘릴 줄 모르는 너의 눈물을 위해
나는 이제 너에게도 기다림을 주겠다.
이 세상에 내리던 함박눈을 멈추겠다.
보리밭에 내리던 봄눈들을 데리고
추워 떠는 사람들의 슬픔에게 다녀와서
눈 그친 눈길을 너와 함께 걷겠다.
슬픔의 힘에 대한 이야길 하며
기다림의 슬픔까지 걸어가겠다.

— 『슬픔이 기쁨에게』, 창작과 비평사, 1973.

산정묘지 1

조정권

겨울산을 오르면서 나는 본다.
가장 높은 것들은 추운 곳에서
얼음처럼 빛나고,
얼어붙은 폭포의 단호한 침묵.
가장 높은 정신은
추운 곳에서 살아 움직이며
허옇게 얼어터진 계곡과 계곡 사이
바위와 바위의 결빙을 노래한다.
간밤의 눈이 다 녹아버린 이른 아침,
산정은
얼음을 그대로 뒤집어 쓴 채
빛을 받들고 있다.
만일 내 영혼이 천상의 누각을 꿈꾸어 왔다면
나는 신이 거주하는 저 천상의 일각을 그리워하리.
가장 높은 정신은 가장 추운 곳을 향하는 법
저 아래 흐르는 것은 이제부터 결빙하는 것이 아니라
차라리 침묵하는 것.
움직이는 것들도 이제부터는 멈추는 것이 아니라
침묵의 노래가 되어 침묵의 동렬에 서는 것.
그러나 한번 잠든 정신은

누군가 지팡이로 후려치지 않는 한
깊은 휴식에서 헤어나지 못하리.
하나의 형상 역시
누군가 막대기로 후려치지 않는 한
다른 형상을 취하지 못하리.
육신이란 누더기에 지나지 않는 것.
헛된 휴식과 잠 속에서의 방황의 나날들.
나의 영혼이
이 침묵 속에서
손뼉소리를 크게 내지 못한다면
어느 형상도 다시 꿈꾸지 않으리.
지금은 결빙하는 계절, 밤이 되면
물과 물이 서로 끌어당기며
결빙의 노래를 내 발 밑에서 들려주리.

여름 내내
제 스스로의 힘에 도취하여
계곡을 울리며 폭포를 타고 내려오는
물줄기들은 얼어붙어 있다.
계곡과 계곡 사이 잔뜩 엎드려 있는
얼음 덩어리들은
제 스스로의 힘에 도취해 있다.
결빙의 바람이여,
내 핏줄 속으로
회오리치라.

나의 발끝에서 머리끝까지
나의 전신을
관통하라.
점령하라.
도취하게 하라.
산정의 새들은
마른 나무 꼭대기 위에서
날개를 접은 채 도취의 시간을 꿈꾸고
열매들은 마른 씨앗 몇 개로 남아
껍데기 속에서 도취하고 있다.
여름 내내 빗방울과 입 맞추던
뿌리는 얼어붙은 바위 옆에서
흙을 물어뜯으며 제 이빨에 도취하고.
바위는 우둔스런 제 무게에 도취하여
스스로 기쁨에 떨고 있다.

보라 바위는 스스로의 무거운 등짐에
스스로 도취하고 있다.
허나 하늘은 허공에 바쳐진 무수한 가슴.
무수한 가슴들이 소거消去된 허공으로
무수한 손목들이 촛불을 바치면서
빛의 축복이 쌓인 나목의 계단을 오르지 않았는가.
정결한 씨앗을 품은 불꽃을
천산의 계단마다 하나씩 바치며
나의 눈은 도취의 시간을 꿈꾸지 않았는가.

나의 시간은 오히려 눈부신 성숙의 무게로 인해
침잠하며 하강하지 않았는가.
밤이여 이제 출동명령을 내리라.
좀더 가까이 좀더 가까이
나의 핏줄을 나의 뼈를
점령하라, 압도하라,
관통하라.

한때는 눈비의 형상으로 내게 오던 나날의 어둠.
한때는 바람의 형상으로 내게 오던 나날의 어둠.
그리고 다시 한때는 물과 불의 형상으로 오던 나날의 어둠.
그 어둠 속에서 헛된 휴식과 오랜 기다림
지치고 지친 자의 불면의 밤을
내 나날의 인력으로 맞이하지 않았던가.
어둠은 존재의 처소에 뿌려진 생목의 향기,
나의 영혼은 그 향기 속에 얼마나 적셔두길 갈망해 왔던가.
내 영혼이 내 자신의 축복을 주는 휘황한 백야를
내 얼마나 꿈꾸어 왔는가.
육신이란 바람에 굴러가는 헌 누더기에 지나지 않는다,
영혼이 그 위를 지그시 내려누르지 않는다면.

— 『산정묘지』, 민음사, 2002.

승무

조지훈

얇은 사紗 하이얀 고깔은
고이 접어서 나빌레라.
파르라니 깎은 머리
박사薄紗 고깔에 감추오고,

두 볼에 흐르는 빛이
정작으로 고와서 서러워라,

빈 대臺에 황촉黃燭불이 말없이 녹는 밤에
오동잎 잎새마다 달이 지는데,

소매는 길어서 하늘은 넓고,
돌아설 듯 날아가며 사뿐히 접어올린 외씨버선이여.

까만 눈동자 살포시 들어
먼 하늘 한 개 별빛에 모두오고,

복사꽃 고운 뺨에 아롱질 듯 두 방울이야
세사世事에 시달려도 번뇌煩惱는 별빛이라.

휘어져 감기우고 다시 접어 뻗는 손이
깊은 마음 속 거룩한 합장合掌인 양하고,
이 밤사 귀또리도 지새우는 삼경三更인데,
얇은 사紗 하이얀 고깔은 고이 접어서 나빌레라.

―≪문장≫ 11호, 1939년

풍장 1

황동규

내 세상 뜨면 풍장시켜 다오
섭섭하지 않게
옷은 입은 채로 전자시계는 가는 채로
손목에 달아 놓고
아주 춥지는 않게
가죽 가방에 넣어 전세 택시에 싣고
군산群山에 가서
검색이 심하면
곰소쯤에 가서
통통배에 옮겨 실어 다오

가방 속에서 다리 오그리고
그러나 편안히 누워 있다가
선유도 지나 무인도 지나 통통 소리 지나
배가 육지에 허리 대는 기척에
잠시 정신을 잃고
가방 벗기우고 옷 벗기우고
무인도의 늦가을 차가운 햇빛 속에
구두와 양말도 벗기우고
손목시계 부서질 때

남 몰래 시간을 떨어뜨리고
바람 속에 익은 붉은 열매에서 툭툭 튕기는 씨들을
무연히 안 보이듯 바라보며
살을 말리게 해 다오
어금니에 박혀 녹스는 백금白金 조각도
바람 속에 빛나게 해 다오

바람 이불처럼 덮고
화장化粧도 해탈解脫도 없이
이불 여미듯 바람을 여미고
마지막으로 몸의 피가 다 마를 때까지
바람과 놀게 해 다오.

— 『풍장』, 문학과 지성사, 1995.

| 테마 14 | 인생 • 성찰의 시

우리가 물이 되어

강은교

우리가 물이 되어 만난다면
가문 어느 집에선들 좋아하지 않으랴.
우리가 키 큰 나무와 함께 서서
우르르 우르르 비 오는 소리로 흐른다면.

흐르고 흘러서 저물녘엔
저 혼자 깊어지는 강물에 누워
죽은 나무뿌리를 적시기도 한다면.
아아, 아직 처녀인
부끄러운 바다에 닿는다면.

그러나 지금 우리는
불로 만나려 한다.
벌써 숯이 된 뼈 하나가
세상에 불타는 것들을 쓰다듬고 있나니.

만 리 밖에서 기다리는 그대여
저 불 지난 뒤에
흐르는 물로 만나자.
푸시시 푸시시 불 꺼지는 소리로 말하면서

올 때는 인적 그친
넓고 깨끗한 하늘로 오라.

— 『우리가 물이 되어』, 미래사, 1991.

질투는 나의 힘

기형도

아주 오랜 세월이 흐른 뒤에
힘없는 책갈피는 이 종이를 떨어뜨리리
그때 내 마음은 너무나 많은 공장을 세웠으니
어리석게도 그토록 기록할 것이 많았구나
구름 밑을 천천히 쏘다니던 개처럼
지칠 줄 모르고 공중에서 머뭇거렸구나
나 가진 것 탄식밖에 없어
저녁 거리마다 물끄러미 청춘을 세워 두고
살아온 날들을 신기하게 세어보았으니
그 누구도 나를 두려워하지 않았으니
내 희망의 내용은 질투뿐이었구나
그리하여 나는 우선 여기에 짧은 글을 남겨둔다
나의 생은 미친듯이 사랑을 찾아 헤매었으나
단 한 번도 스스로를 사랑하지 않았노라

—『입 속의 검은 잎』, 문학과 지성사, 2000.

동두천 1

김명인

기차가 멎고 눈이 내렸다 그래 어둠 속에서
번쩍이는 신호등
불이 켜지자 기차는 서둘러 다시 떠나고
내 급한 생각으로는 대체로 우리들도 어디론가
가고 있는 중이리라 혹은 떨어져 남게 되더라도
저렇게 내리면서 녹는 춘삼월 눈에 파묻혀 흐려지면서

우리가 내리는 눈일 동안만 온갖 깨끗한 생각 끝에
역두驛頭의 저탄더미에 떨어져
몸을 버리게 되더라도
배고픈 고향의 잊힌 이름들로 새삼스럽게
서럽지는 않으리라 그만그만했던 아이들도
미군을 따라 바다를 건너서는
더는 소식조차 모르는 이 바닥에서

더러운 그리움이여 무엇이
우리가 녹은 눈물이 된 뒤에도 등을 밀어
캄캄한 어둠 속으로 흘러가게 하느냐
바라보면 저다지 웅크린 집들조차 여기서는
공중에 뜬 신기루 같은 것을

발밑에서는 메마른 풀들이 서걱여 모래 소리를 낸다

그리고 덜미에 부딪쳐와 끼얹는 바람
첩첩 수렁 너머의 세상은 알 수도 없지만
아무것도 더 이상 알 필요도 없으리라
안으로 굽혀지는 마음 병든 몸뚱이들도 닳아
맨살로 끌려가는 진창길 이제 벗어날 수 없어도
나는 나 혼자만의 외로운 시간을 지나
떠나야 되돌아올 새벽을 죄다 건너가면서

— 『동두천』, 문학과 지성사, 1997.

꽃

김춘수

내가 그의 이름을 불러주기 전에는
그는 다만
하나의 몸짓에 지나지 않았다.
내가 그의 이름을 불러 주었을 때
그는 나에게로 와서
꽃이 되었다.
내가 그의 이름을 불러준 것처럼
나의 이 빛깔과 향기에 알맞은
누가 나의 이름을 불러다오.
그에게로 가서 나도 그의 꽃이 되고 싶다.
우리들은 모두
무엇이 되고 싶다.
너는 나에게 나는 너에게
잊혀지지 않는
하나의 눈짓이 되고 싶다...

—『김춘수 전집 1 시』, 문장, 1986.

의자

이정록

병원에 갈 채비를 하며
어머니께서
한 소식 던지신다

허리가 아프니까
세상이 다 의자로 보여야
꽃도 열매도, 그게 다
의자에 앉아 있는 것이여

주말엔
아버지 산소 좀 다녀와라
그래도 큰 애 네가
아버지한테는 좋은 의자 아녔냐

이따가 침 맞고 와서는
참외밭에 지푸라기라도 깔고
호박에 똬리도 받쳐야겠다
그것들도 식군데 의자를 내줘야지

싸우지 말고 살아라

결혼하고 애 낳고 사는 게 별거냐
그늘 좋고 풍경 좋은 데다가
의자 몇 개 내놓는 거여

—『의자』, 문학과지성사, 2006.

맨 발

문태준

어물전 개조개 한 마리가 움막 같은 몸 바깥으로 맨발을 내밀어 보이고 있다
죽은 부처가 슬피 우는 제자를 위해 관 밖으로 잠깐 발을 내밀어 보이듯이 맨발을 내밀어보이고 있다
펄과 물속에 오래 담겨 있어 부르튼 맨발
내가 조문하듯 그 맨발을 건드리자 개조개는
최초의 궁리인 듯 가장 오래하는 궁리인 듯 천천히 발을 거두워갔다
저 속도로 시간도 길도 흘러왔을 것이다
누구를 만나러 가고 또 헤어져서는 저렇게 천천히 돌아왔을 것이다
늘 맨발이었을 것이다
사랑을 잃고서는 새가 부리를 가슴에 묻고 밤을 견디듯이 맨발을 가슴에 묻고 슬픔을 견디었으리라
아-- 하고 집이 울때
부르튼 맨발로 양식을 탁발하러 거리로 나왔을 것이다
맨발로 하루 종일 길거리에 나섰다가
가난의 냄새가 벌벌벌벌 풍기는 움막 같은 집으로 돌아오면
아-- 하고 울던 것들이 배를 채워
저렇게 캄캄하게 울음도 멎었으리라

—『맨발』, 창작과비평사, 2006.

남신의주유동박시봉방南新義州柳洞朴時逢方

백 석

어느 사이에 나는 아내도 없고, 또,
아내와 같이 살던 집도 없어지고,
그리고 살뜰한 부모며 동생들과도 멀리 떨어져서,
그 어느 바람 세인 쓸쓸한 거리 끝에 헤매이었다.
바로 날도 저물어서
바람은 더욱 세게 불고, 추위는 점점 더해 오는데,
나는 어느 목수네 집 헌 샅을 깐,
한 방에 들어서 쥔을 붙이었다.
이리하여 나는 이 습내 나는 춥고, 누긋한 방에서,
낮이나 밤이나 나는 나 혼자도 너무 많은 것 같이 생각하며,
딜옹배기에 북덕불이라도 담겨 오면
이것을 안고 손을 쬐며 재 위에 뜻없이 글자를 쓰기도 하며,
또 문밖에 나가지도 않고 자리에 누워서,
머리에 손깍지베개를 하고 구르기도 하면서,
나는 내 슬픔이며 어리석음이며를 소처럼 연하여 쌔김질하는 것이었다.
내 가슴이 꽉 메어 올 적이며,
내 눈에 뜨거운 것이 핑 괴일 적이며,
또 내 스스로 화끈 낯이 붉도록 부끄러울 적이며,
나는 내 슬픔과 어리석음에 눌리어 죽을 수밖에 없는 것을

느끼는 것이었다.
그러나 잠시 뒤에 나는 고개를 들어,
허연 문창을 바라보든가 또 눈을 떠서 높은 천장을 쳐다보는 것인데,
이때 나는 내 뜻이며 힘으로, 나를 이끌어가는 것이 힘든 일인 것을 생각하고,
이것들보다 더 크고, 높은 것이 있어서, 나를 마음대로 굴려가는 것을 생각하는 것인데,
이렇게 하여 여러 날이 지나는 동안에,
내 어지러운 마음에는 슬픔이며, 한탄이며, 가라앉을 것은 차츰 앙금이 되어 가라앉고
외로운 생각만이 드는 때쯤 해서는,
더러 나줏손에 쌀랑쌀랑 싸락눈이 와서 문창을 치기도 하는 때도 있는데,
나는 이런 저녁에는 화로를 더욱 다가 끼며, 무릎을 꿇어 보며,
어느 먼 산 뒷옆에 바우섶에 따로 외로이 서서,
어두워 오는데 하이야니 눈을 맞을, 그 마른 잎새에는,
쌀랑쌀랑 소리도 나며 눈을 맞을,
그 드물다는 굳고 정한 갈매나무라는 나무를 생각하는 것이었다.

— ≪학풍≫ 1948년 10월호.

화살나무

손택수

언뜻 내민 촉들은 바깥을 향해
기세 좋게 뻗어가고 있는 것 같지만,
실은 제 살을 관통하여, 자신을 명중시키기 위해
일사불란하게 모여들고 있는 가지들

자신의 몸속에 과녁을 갖고 산다
살아갈수록 중심으로부터 점점 더
멀어지는 동심원, 나이테를 품고 산다

가장 먼 목표물은 언제나 내 안에 있었으니
어디로도 날아가지 못하는, 시윗줄처럼
팽팽하게 당겨진 산길 위에서

— 『목련전차』, 창작과비평사, 2006.

구두

송찬호

나는 새장을 하나 샀다
그것은 가죽으로 만든 것이다
날뛰는 내 발을 집어넣기 위해 만든 작은 감옥이었던 것

처음 그것은 발에 너무 컸다
한동안 덜그럭거리는 감옥을 끌고 다녀야 했으니
감옥은 작아져야 한다
새가 날 때 구두를 감추듯

새장에 모자나 구름을 집어넣어 본다
그러나 그들은 언덕을 잊고 보리 이랑을 세지 않으며 날지 않는다
새장에는 조그만 먹이통과 구멍이 있다
그것이 새장을 아름답게 하는 것인지도 모른다
나는 오늘 새 구두를 샀다
그것은 구름위에 올려져 있다
내 구두는 아직 물에 젖지 않은 한 척의 배,

한때는 속박이었고 또 한 때는 제멋대로였던 삶의 한켠에서
나는 가끔씩 늙고 고집 센 내 발을 위로하는 것이다

오래 쓰다 버린 낡은 목욕통 같은 구두를 벗고
새의 육체 속에 발을 집어넣어 보는 것이다

— 『10년 동안의 빈 의자』, 문학과지성사, 1999.

너에게 묻는다

안도현

연탄재 함부로 발로 차지 마라
너는
누구에게 한번이라도 뜨거운 사람이었느냐

— 『외롭고 높고 쓸쓸한』, 문학동네, 2004.

생명의 서書

유치환

나의 지식이 독한 회의를 구하지 못하고
내 또한 삶의 애증을 다 짐 지지 못하여
병든 나무처럼 생명이 부대낄 때
저 머나먼 아라비아의 사막으로 나는 가자

거기는 한번 뜬 백일이 불사신같이 작열하고
일체가 모래 속에 사멸한 영겁의 허적虛寂에
오직 알라―의 신만이
밤마다 고민하고 방황하는 열사熱沙의 끝

그 열렬한 고독 가운데
옷자락을 나부끼고 호올로 서면
운명처럼 반드시 '나'와 대면케 될지니
하여 '나'란 나의 생명이란
그 원시의 본연한 자태를 다시 배우지 못하거든
차라리 나는 어느 사구沙丘에 회한 없는 백골을 쪼이리라.

― ≪동아일보≫ 1938년 10월 19일.

변기

최승호

1
늦은 밤 불을 켜니
둥근 벽 변기에 빠져 있는
귀뚜라미,
몸뚱이보다 촉수가 긴 게
별 꽤나 헛더듬은 시인 같다.
거품의 밤을 울던 창녀 같다.

2
변기의 물 전체가 떨고
떨림의 진원점에
그가 있다
파도에 까만 눈이
어리둥절 흔들린다

내가 일으킨 파도에
내가 휩쓸려 익사하는 수도 있겠구나

3
둥근 벽 안에서 귀뚜라미가 헤엄친다
저쪽이 피안이겠지

출렁이며 헤엄쳐 가 닿는 순간
둥근 벽이 그를
밀어낸다

어쩔 것인가
가는 곳마다 둥근 벽이요
가지 않으면 천천히 몸이 가라앉을 때

4
굴원屈原이여
아무리 욕되도 죽지 못하는 자들을 왜 괴롭히는가
강물 속에서 거울을 들고
일어서는 큰 물귀신

살아서는 세상에 거슬리고
죽어서는 물살에 거슬렸던
기개 있던 굴원이여

나는 멋있는 놈이 아니다
세상이 본래 청정한데
나만 탁하다고 생각하니까

5
둥근 벽 밑바닥의
구멍은
언제라도 삼킬 준비를 끝내고

때를 기다린다

누구든 죽음의 반대편으로 노 젓는 일이란 없는 것이다

구멍으로 들어가긴 들어가는데
왜 이리 오랜 날들을 겁먹은 채
맴돌다가 들어가야 하는지

6
변기의 뚜껑을 덮으면
귀뚜라미의 절망은 완성된다.
둥근 벽을 덮치는 둥근 뚜껑,
나는 귀뚜라미를 건지지 않았다.

움푹한 자궁과 움푹한 무덤이
아가리를 꽉 맞추고
한 덩어리
둥글 네모난 감옥을 이룬
뭐랄까,
임신해서 매장까지의 길들이
둥근 벽 안에서 미끄러지고 뒤집히는
거대한 변기의 감옥 속에서 죽어가는
나를 건져줄 그 어떤 손도 나는 거부했기에.

— 『세속 도시의 즐거움』, 세계사, 1990.

뼈아픈 후회

황지우

슬프다

내가 사랑했던 자리마다

모두 폐허다

완전히 망가지면서
완전히 망가뜨려놓고 가는 것, 그 징표 없이는
진실로 사랑했다 말할 수 없는 건지
나에게 왔던 사람들,
어딘가 몇 군데는 부서진 채
모두 떠났다

내 가슴속엔 언제나 부우옇게 이동하는 사막 신전,
바람의 기둥이 세운 내실에까지 모래가 몰려와 있고
뿌리째 굴러가고 있는 갈퀴나무, 그리고
말라가는 죽은 짐승 귀에 모래 서걱거린다
어떤 연애로도 어떤 광기로도
이 무시무시한 곳에까지 함께 들어오지는
못했다. 내 꿈틀거리는 사막이,

끝내 자아를 버리지 못하는 그 고열의
신상이 벌겋게 달아올라 신음했으므로
내 사랑의 자리는 모두 폐허가 되어 있다

아무도 사랑해 본 적이 없다는 거,
언제 다시 올지 모를 이 세상을 지나가면서
내 뼈아픈 후회는 바로 그거다
내 누구를 위해 그 누구를
한 번도 사랑하지 않았다는 거

젊은 시절, 내가 자청한 고난도
그 누구를 위한 헌신은 아녔다
나를 위한 헌신, 한낱 도덕이 시킨 경쟁심,
그것도 파워랄까, 그것마저 없는 자들에겐
희생은 또 얼마나 화려한 것이었겠는가

그러므로 나는 아무도 사랑하지 않았다
그 누구도 걸어 들어온 적이 없는 나의 폐허,
다만 죽은 짐승 귀에 모래의 말을 넣어주는 바람이
떠돌다 지나갈 뿐
나는 이제 아무도 기다리지 않는다
그 누구도 나를 믿지 않으며 기대하지 않는다

— 『어느 날 나는 흐린 주점에 앉아 있을 거다』, 문학과 지성사, 1999.